AF462664

Annule et remplace le document lithographié approuvé par circulaire ministérielle du 7 janvier 1913.

RÉPUBLIQUE FRANÇAISE

MINISTÈRE DE LA MARINE

RÈGLEMENT D'ARMEMENT

DU

MATÉRIEL NON CONSOMMABLE

DES

SOUS-MARINS

1929

(Approuvé par circulaire du 18 juillet 1929, B. O., page 134)

N° 5205-1 de la Nomenclature des Documents

RÉPUBLIQUE FRANÇAISE

MINISTÈRE DE LA MARINE

RÈGLEMENT D'ARMEMENT

DU

MATÉRIEL NON CONSOMMABLE

DES

SOUS-MARINS

1929

(*Approuvé par circulaire du 18 juillet 1929, B. O., page 134*)

N° 5205-1 de la Nomenclature des Documents

TABLE DES MATIÈRES.

ARTICLE XIII. — MATÉRIEL RELATIF À LA VENTILATION ET AU CHAUFFAGE.

ARTICLE XIV. — MATÉRIEL RELATIF À L'INSTALLATION GÉNÉRALE ÉLECTRIQUE ET À L'ÉCLAIRAGE.

ARTICLE XV. — MATÉRIEL RELATIF AUX PORTE-VOIX ET TRANSMISSIONS D'ORDRE.

ARTICLE XVI. — MATÉRIEL RELATIF AUX FERMETURES.

ARTICLE XVIII. — MATÉRIEL SPÉCIAL À LA NAVIGATION MIS À LA DISPOSITION DES SERVICES DU BORD.

ARTICLE XXI. — MATÉRIEL RELATIF À LA PROPULSION.

ARTICLE XLI. — MATÉRIEL RELATIF AUX TORPILLES.

ARTICLE XVI. — MATÉRIEL RELATIF AUX FERMETURES.

ARTICLE XVIII. — MATÉRIEL SPÉCIAL À LA NAVIGATION MIS À LA DISPOSITION DES SERVICES DU BORD.

ARTICLE XXI. — MATÉRIEL RELATIF À LA PROPULSION.

ARTICLE LXV. — APPROVISIONNEMENTS.

DIXIÈME SERVICE. — INTENDANCE.

ARTICLE VII. — MATÉRIEL RELATIF AUX CUISINES.

ARTICLE X. — MATÉRIEL RELATIF AU SERVICE DE L'EAU.

ABRÉVIATIONS ET RENSEIGNEMENTS.

ABRÉVIATIONS.

Accessoires de coque	A.C.
Matériel fixe	M.F.
Constructions navales	C.N.
Approvisionnements de la Flotte	A.F.
Artillerie	A.R.
Imprimés	Ip.
Habillement, Couchage, Casernement	H.C.C.
État-Major de la Région maritime	E.M.A.

RENSEIGNEMENTS.

Lorsqu'en calculant les quantités à délivrer d'après les bases indiquées, on arrivera à des nombres fractionnaires pour les objets qui ne peuvent être divisés, ces quantités seront exprimées généralement par le nombre entier immédiatement supérieur.

Pour les articles comportant plusieurs variétés, les demandes des bâtiments porteront exclusivement sur les variétés réglementaires, sauf justifications précises à mettre à l'appui des demandes.

En ce qui concerne certains articles comportant des objets d'armement et de rechange pour lesquels il n'a pu être indiqué ni variétés, ni caractéristiques, les demandes des bâtiments devront être accompagnées des dessins et de légendes explicatives.

Sauf instructions particulières du Ministre, chaque article de matériel nouveau à substituer à des articles actuellement réglementaires ne sera délivré qu'après épuisement des approvisionnements du matériel actuel.

Les modifications ou additions au Règlement d'armement ne peuvent être considérées comme une mesure générale applicable à un bâtiment que si ces modifications concernent l'édition du Règlement d'armement qui était en vigueur au moment de l'armement du bâtiment.

Dans le cas d'une édition postérieure à celle qui a servi de base à l'armement du bâtiment, les additions ou modifications qui y seraient apportées ne sauraient être considérées par le fait même comme une mesure générale applicable à ce bâtiment. Elles ne peuvent tenir lieu que d'indications ou servir de justifications à l'appui de la demande du bâtiment qui désirerait bénéficier des avantages qui en résulteraient pour lui, et elles doivent, par suite, être soumises à l'approbation ministérielle avant d'être portées sur les feuilles d'armement. (Circulaire du 11 octobre 1915, *B. O.*, p. 270. — Voir également les prescriptions de la circulaire du 4 novembre 1916, *B. O.*, p. 426.)

PREMIER SERVICE

MANŒUVRE. — TIMONERIE

DÉTENTEUR : MAITRE CHEF DE QUART

Directions ou services à terre où s'opèrent : Les délivrances du 1er armement	Les délivrances ou remplacements, les 1res délivrances, les renouvellements et les réparations.	Numéros d'ordre de la nomenclature. Par unité collective.	Par unité simple.	Nomenclature des objets à fournir.	Espèces des unités.	Repères.	Repères.	Bases des délivrances. Armement.	Bases des délivrances. Entretien.	Observations.
1	2	3	4	5	6	7	8	9	10	11
				1re MANŒUVRE.						(a) Pourra être remplacé par un palan servant à la manœuvre des torpilles.
				ARTICLE PREMIER.						(b) Si le palan est nécessaire.
				MATÉRIEL RELATIF AU MOUILLAGE.						
				§ I. — RECHANGES DES INSTALLATIONS.						
				§ II. — MATÉRIEL D'ARMEMENT ET SES RECHANGES.						
C. N.	″	14		Manœuvre de l'étrangloir : Bague en fil d'acier de millimètres de circonférence et mètres de longueur	Nombre.	1	1	Suivant les installations	″	
C. N.	A. F.	103		Manœuvre de l'étrangloir : Palan double complet (a)	Idem.	2	2	1	″	
C. N.	A. F.	14		Manœuvre de l'étrangloir : Bosse en fil d'acier de millimètres de circonférence.	Idem.	3	3	Suivant les installations	″	
C. N.	A. F.	94		Manœuvre de l'étrangloir : Garant de palan (b).	Idem.	4	4	″	1	

ANCRES DE BOSSOIRS ET CABLES POUR CHAINES, OBJETS RELATIFS AUX ANCRES ET AUX CHAINES.

Tableau pour servir à la délivrance des

Ancres.		*Chaînes.*	
DÉPLACEMENT DES BÂTIMENTS.	POIDS DES ANCRES avec [illegible]	DÉPLACEMENT DES BÂTIMENTS.	CALIBRE des chaînes.
	kilogrammes.		millimètres.
De 530 à 700 tonneaux	500	De 530 à 700 tonneaux	24
De 701 à 860 —	600	De 701 à 860 —	26
De 861 à 1050 —	700	De 861 à 1050 —	28
De 1051 à 1250 —	800	De 1051 à 1280 —	30
De 1251 à 1450 —	900	De 1281 à 1570	32
De 1451 à 1650	1000	De 1571 à 1850 —	34
De 1651 à 1900 —	1100	De 1851 à 2150 —	36
De 1901 à 2100 —	1250		

DIRECTIONS [illegible] : Les délivrances au 1er armement.	Les délivrances au réarmement ; les 1res délivrances ; les remplacements et les réparations.	NUMÉROS D'ORDRE de la nomenclature. Par unité collective.	Par unité simple.	NOMENCLATURE DES OBJETS À FOURNIR.	ESPÈCES des unités.	REPÈRES.	REPÈRES.	BASES DES DÉLIVRANCES. Armement.	Rechange.	OBSERVATIONS.
1	2	3	4	5	6	7	8	9	10	11
C. N.	C. N.	40		Ancres à pattes articulées de kilogs pour sous-marins, avec organeau.	Nombre.	1	1	1 (1)	(2)	(1) Par ligne de mouillage. (2) Il pourra être alloué une ancre de rechange par décision ministérielle spéciale.
C. N.	C. N.	41		Bouts de câbles-chaînes à étais de millimètres de diamètre et mètres de longueur avec manilles d'assemblage	*Idem.*	2	2	4 (1)		
C. N.	C. N.	94		Bosses à griffes simples	*Idem.*	3	3	1		
C. N.	C. N.			Croc à vis avec barre pour mise à poste de l'ancre	*Idem.*	4	4	1 (1)		
C. N.	C. N.			Clé pour croc à vis	*Idem.*	5	5	1 (1)		
C. N.	A. F.			Saisine pour ancre de rechange	*Idem.*	6	6	Suivant les installations.		
C. N.	C. N.	42	860-866	Broches ou goupilles en acier pour chaîne de millimètres	*Idem.*	7	7		4 (1)	
C. N.	C. N.	41	810-816	Extrémité de chaîne à émerillon pour chaîne de millimètres	*Idem.*	8	8	1	1	
C. N.	A. F.	40	527 à 535	Croc en fer à 4 branches ou chatte.	*Idem.*	9	9	1		
C. N.	C. N.	40	536 à 547		*Idem.*	10	10	1		
C. N.	A. F.	43	155	Crochets à main pour chaîne	*Idem.*	11	11	2		
C. N.	C. N.	42	410-416	Manille en fer avec boulon d'assemblage pour chaîne de millimètres	*Idem.*	12	12		3 (1)	
C. N.	A. F.	101	684	Marteau en acier emmanché pour dégoupiller les chaînes	*Idem.*	13	13	1		
C. N.	C. N.	42	810-816	Repoussoir en acier pour chaîne de millimètres de diamètre	*Idem.*	14	14	1		

Directions [illegible] : Les délivrances au 1er armement.	Directions [illegible] : Les délivrances en remplacement : les 1res délivrances, les renouvellements et les réparations.	Numéros d'ordre de la nomenclature : Par unité collective.	Numéros d'ordre de la nomenclature : Par unité simple.	Nomenclature des objets à fournir.	Espèces des unités.	Repères.	Repères.	Bases des délivrances : Armement.	Bases des délivrances : Rechange.
1	2	3	4	5	6	7	8	9	10
				Article II.					
				MATÉRIEL RELATIF A L'AMARRAGE, AU REMORQUAGE, A L'EMBOSSAGE ET AU HALAGE.					
				§ I. RECHANGES DES INSTALLATIONS.					
				§ III. — ANCRES A JET, GRELINS, CHAINES, AMARRES, REMORQUES ET OBJETS QUI S'Y RATTACHENT.					
				1° Ancres à jet.					
C.N.	C.N.	40	6 à 15	Ancre à jet, type de kilogs avec jas et organeau	Nombre.	1	1	1 (A)	
C.N.	C.N.	41	104-106	Chaîne régulière de millimètres avec manilles et goupilles	Mètre.	2	2	180	
C.N.	A.F.			Saisines pour ancre	Nombre.	3	3	Suivant les installations.	
C.N.	A.F.	42	852 à 855	Broches ou goupilles en acier zinguées pour manilles	Idem.	4	4	»	6
C.N.	C.N.	42	857 à 856						
C.N.	A.F.	42	402 à 407	Manilles d'assemblage pour chaînes	Idem.	5	5	»	2
C.N.	C.N.	42	408 à 416						
C.N.	C.N.	41	807-817	Extrémité de chaîne à émerillon pour chaîne de millimètres	Idem.	6	6	1	1
C.N.	A.F.	41	801 à 806						
C.N.	C.N.	40	701-751	Organeau en acier doux pour ancre à jet de kilogs	Idem.	7	7	»	1
				2° Amarres et Remorques.					
C.N.	A.F.	14		Aussière en fil d'acier de grande remorque de 200 mètres de longueur et (v) de circonférence garnie de ferrures à ses extrémités	Idem.	8	8	1	»
C.N.	A.F.	94	1551	Bouée en liège estropée, petite pour faciliter la prise des remorques	Idem.	9	9	1	»
C.N.	A.F.	94		Amarre en chanvre goudronné de 150 mètres de longueur (v)	Idem.	10	10	1	»
C.N.	A.F.	94		Bouts en chanvre goudronné (amarrage de poste) : de 80 mètres de longueur (v)	Idem.	11	11	2	»
				Bouts en chanvre goudronné (amarrage de poste) : de 100 mètres de longueur (x)	Idem.	12	12	1	»
C.N.	A.F.	94		Faux bras en chanvre goudronné marine ou en chanvre de : 100 mètres de longueur (v)	Idem.	13	13	1	»
				Faux bras en chanvre goudronné marine ou en chanvre de : 222 mètres de longueur (x)	Idem.	14	14	1	»
C.N.	A.F.	94		Amarre en fil d'acier de 200 mètres de longueur (u)	Idem.	15	15	1	»
C.N.	A.F.	14		Aussière en fil d'acier de mètres de longueur et de millimètres de circonférence	Idem.	16	16	1 (z)	»
C.N.	C.N.	42	710-716	Manille spéciale pour amarrage sur coffre	Idem.	17	17	1	»
C.N.	A.F.	14		Pantoire AV de (v) de circonférence et de mètres de longueur pour remorque, munie de ferrures à ses extrémités	Idem.	18	18	1	1
C.N.	A.F.	14		Pantoire AR de (t) circonférence et de mètres de longueur pour remorque, munie de ferrures à ses extrémités	Idem.	19	19	1	1
C.N.	C.N.	48		Taquets de tournage mobiles	Idem.	20	20	2	»

OBSERVATIONS.

11

Tableau pour servir à la délivrance des ancres à jet et grelins-chaînes

Déplacement des [illegible]	Poids des ancres [illegible]	Calibre des grelins et chaînes.
	kilogrammes.	millimètres.
530 à 700 tonneaux	75	»
701 à 860 —	95	»
861 à 1050 —	105	10
1051 à 1250 —	130	10
1251 à 1500 —	160	16
Au-dessus de 1500 tonneaux	190	18

(A) Il pourra être alloué une deuxième ancre à jet dite «ancre d'empennelage» par décision ministérielle spéciale.

(v) 90 millimètres pour 1.500 tonneaux (en surface) et au-dessous, 100 millimètres de 1.500 tonneaux à 2.000 tonneaux.

Sous-Marins.

	De moins de 700 tonneaux.	De 701 à 1000 tonneaux.	De 1001 à 1500 tonneaux.	De 1501 à 2000 tonneaux.
	Circonférence en millimètres.			
(v)	90	90	100	110
(v)	90	105	110	130
(x)	90	103	110	130
(v)	70	80	80	90
(x)	70	80	80	90
(u)	»	»	54	57

Les cordages de 90 millimètres et au-dessus pourront être en abaca (C. M. du 15 avril 1924 n° 246 C. N. I.).

(t) 90 millimètres pour 1.500 tonneaux (en surface) et au-dessous, 100 millimètres au-dessus de 1.500 tonneaux.

(z) S'il est alloué une ancre d'empennelage.

DIRECTIONS ou services à cours de l'opération : Les délivrances au 1er armement.	Les délivrances au réarmement ; les 1res délivrances ; les renouvellements et les réparations.	NUMÉROS D'ORDRE de la nomenclature : Par unité collective.	Par unité simple.	NOMENCLATURE DES OBJETS À FOURNIR.	ESPÈCES des unités.	REPÈRES.	REPÈRES.	BASES DES DÉLIVRANCES. [illegible]	[illegible]	OBSERVATIONS.
1	2	3	4	5	6	7	8	9	10	11
				Article IV.						
				MATÉRIEL RELATIF AUX EMBARCATIONS.						
				§ II. **MATÉRIEL D'ARMEMENT DES APPARAUX ET APPAREILS DE L'ARTICLE D. IV.**						
C. N.	A. F.	103-04	351-365	Palan à poulie double de 13 centimètres au rapport 5	Nombre.	1	1	1	»	
C. N.	A. F.	94	365	Garant en chanvre de 50 millimètres de circonférence et de mètres de longueur	Idem.	2	2	»	1	
				DROME DES EMBARCATIONS.						
C. N.	C. N.	49		Canot à moteur de (1) mètres	Nombre.	3	3	1		
C. N.	A. F.	116	672	Canot Berthon en toile en un seul bout de 3m67	Idem.	4	4	2 (2)	1 (3)	

(1) De 4 m. 90 pour 1.500 tonneaux et au-dessous, de 5 mètres au-dessus de 1.500 tonneaux.

(2) 1 aux sous-marins de 1re classe.

(3) Aux sous-marins de 2e classe.

Le berthon de rechange sera mis au dépôt à terre.

DIRECTIONS qui auront à faire les délivrances : Les délivrances au 1er armement.	Les délivrances en remplacement ; les 1res délivrances ; les renouvellements et les réparations.	NUMÉROS D'ORDRE de la nomenclature. Par unité collective.	Par unité simple.	NOMENCLATURE DES OBJETS À FOURNIR.	ESPÈCES des unités.	REPÈRES.	REPÈRES.	BASES DES DÉLIVRANCES. [illegible]	[illegible]	OBSERVATIONS.
1	2	3	4	5	6	7	8	9	10	11
				§ V. — **MATÉRIEL DES EMBARCATIONS ET RECHANGES.**						
				CANOT A MOTEUR.						
				OBJETS DE GARNITURE VOILERIE, PAVILLONNERIE.						
C. N.	C. N.	94		Bosse en cordage en chanvre ou en abaca demi-usé de mètres de longueur	Nombre.	1	1	1		
C. N.	C. N.			Appareil d'enlevage complot	*Idem.*	2	2	1		
C. N.	A. F.	94		Saluye ou cordage en chanvre ou en abaca de 65 millimètres de circonférence et de 55 millimètres de longueur	*Idem.*	3	3	1		
C. N.	A. F.	94		Câblot d'embarcation en chanvre ou en abaca de 65 millimètres de circonférence et de 20 mètres de longueur	*Idem.*	4	4	1		
C. N.	A. F.	94	1579	Défenses pour embarcation en toile bourrée de liège	*Idem.*	5	5	4		
C. N.	A. F.	94	1709	Flamme française n° 9	*Idem.*	6	6	1		
C. N.	A. F.	94	2015	Pavillon français n° 15	*Idem.*	7	7	2		
C. N.	A. F.	94	2012	Pavillon français n° 12	*Idem.*	8	8	2		
C. N.	A. F.	94	1500-1501	Tapis d'embarcation en drap bleu foncé	*Idem.*	9	9	2		
C. N.	A. F.	94		Flamme rouge (modèle pour embarcation)	*Idem.*	10	10	2		
C. N.	A. F.	94		Pavillon rouge (modèle pour embarcation)	*Idem.*	11	11	2		

[illegible]		Numéros d'ordre de la nomenclature		Nomenclature des objets à fournir.	Espèces des unités.	Repères.	Repères.	Bases des délivrances.		Observations.
Les délivrances au 1er armement.	Les délivrances en remplacement, les 1res délivrances, les renouvellements et les réparations.	Par unité collective.	Par unité simple.					[illegible]	[illegible]	
1	2	3	4	5	6	7	8	9	10	11
				OBJETS DIVERS.						
C. N.	A. F.	110	12	Avirons façonnés garnis, en frêne de 3 mètres de longueur	Nombre.	1	1	2	2	
C. N.	A. F.	44	1005	Fers de gaffe à 2 croissants	Idem.	2	2	2	1	
C. N.	A. F.	110	264	Manches de gaffe en frêne de 3 mètres	Idem.	3	3	2	1	
C. N.	A. F.	40	502	Grappin d'embarcation de 15 kilogs	Idem.	4	4	1	"	
C. N.	A. F.	117	9	Seau en bois à oreilles	Idem.	5	5	1	"	
C. N.	A. F.	44		Gouvernail d'embarcation en fer avec ferrures	Idem.	6	6	1	"	
C. N.	A. F.	62	778	Fanal de route d'embarcation à l'aviron	Idem.	7	7	1	"	
C. N.	A. F.	44	1440	Tolets en fer de nage	Idem.	8	8	2	2	
C. N.	A. F.	44		Barre de gouvernail en fer, franche	Nombre.	9	9	1	"	
C. N.	A. F.	40		Sirène genre Mason	Idem.	10	10	1	"	
C. N.	A. F.	62	772	Fanal de route d'embarcation à moteur blanc	Idem.	11	11	1	"	
C. N.	A. F.	62	775	Chandelier à fourche en fer pour fanal blanc	Idem.	12	12	1	"	
C. N.	A. F.	62		Ferrure pour feux de route (plan Ge-a4 Cherb.)	Idem.	13	13	1	"	
C. N.	A. F.	110	316	Mât de pavillon avec pomme	Idem.	14	14	1	"	
C. N.	A. F.	116	310	Mât de flamme avec pomme	Idem.	15	15	1	"	
C. N.	A. F.	62	887	Fanal de route d'embarcation à l'aviron : verre plan vert	Idem.	16	16	"	1	
C. N.	A. F.	62	888	Fanal de route d'embarcation à l'aviron : verre plan rouge	Idem.	17	17	"	1	
C. N.	A. F.	62	878	Optique annulée de 110 pour fanal blanc	Idem.	18	18	"	1	

DIRECTIONS [illegible]		NUMÉROS D'ORDRE de la nomenclature		NOMENCLATURE DES OBJETS À FOURNIR.	ESPÈCES des unités.	REPÈRES.	CATÉGORIES.	BASES DES DÉLIVRANCES.		OBSERVATIONS.
Les délivrances au 1er armement.	Les délivrances en remplacement; les [illegible] délivrances; les consommations et les réparations.	Par unité collective	Par unité simple					[illegible]	[illegible]	
1	2	3	4	5	6	7	8	9	10	11
				YOUYOU EN TOLE PLOYABLE DE 3m,57.						(a) 1re embarcation.
				Manœuvres diverses (a).						
C. N.	C. N.	96		Bosse en cordage en chanvre ou en abaca demi-usé de 8 mètres de longueur	Nombre.	1	1	1	»	
				OBJETS DIVERS (a).						
C. N.	A. F.	116	4	Avirons façonnés garnis en frêne de 2m,15	Nombre	»	2	4	2	
C. N.	A. F.	116	89	Barre de gouvernail en bois à mortaise pour berthons	Idem.	3	3	1	1	
C. N.	A. F.	44	1005	Fers de gaffe à 2 croissants	Idem.	4	4	1	»	
C. N.	A. F.	116	264	Manches de gaffe en frêne, de 3 mètres	Idem.	5	5	1	»	
C. N.	A. F.	116	811	Gouvernail en bois avec ferrures pour berthons	Idem.	6	6	1	»	
C. N.	A. F.	44	1446	Tolets de nage à fourche	Idem.	7	7	4	1	
C. N.	A. F.	62	778	Fanal de route pour embarcation à l'aviron	Idem.	8	8	1	»	
C. N.	A. F.	62	888	Verre plan { rouge pour fanal d'embarcation à l'arrière	Idem.	9	9	»	1	
C. N.	A. F.	62	887	Verre plan { vert pour fanal d'embarcation à l'arrière	Idem.	10	10	»	1	

DIRECTIONS [illegible]		NUMÉROS D'ORDRE de la [illegible]		NOMENCLATURE DES OBJETS À FOURNIR.	ESPÈCES des unités.	REPÈRES.	REPÈRES.	BASES DES DÉLIVRANCES.		OBSERVATIONS.
Les délivrances au 1er armement.	Les délivrances au réarmement, les 2es délivrances, les remplacements et les réparations.	Par unité collective.	Par unité simple.					ARMEMENT.	[illegible]	
1	2	3	4	5	6	7	8	9	10	11
				ARTICLE V.						
				MATÉRIEL RELATIF A LA MATURE.						
				MATS RABATTABLES.						
				Le matériel relatif à la mâture est compris dans le matériel machine, Art. V.				»	»	
				MATS DE PAVILLONS.						
C. N.	C. N.			Mât de pavillons sur pomme en deux parties	*Nombre.*	1	1	1	»	

ANNEXE VI.

MATÉRIEL RELATIF AUX EMMÉNAGEMENTS ET LOGEMENTS.

§ 3. AMEUBLEMENT ET COUCHAGE DE L'ÉQUIPAGE.

DIRECTIONS [illegible]		NUMÉROS D'ORDRE de la nomenclature.		NOMENCLATURE DES OBJETS À FOURNIR.	ESPÈCES des unités.	REPÈRES.	REPÈRES.	BASES DES DÉLIVRANCES.		OBSERVATIONS.
Les délivrances en 1er armement.	Les délivrances en [illegible]; les [illegible] délivrances; les remplacements et les réparations.	Par unité collective.	Par unité simple.					Armement.	Rechanges.	
1	2	3	4	5	6	7	8	9	10	11
H. C. C.	H. C. C.	121	202	Anneaux en fer pour hamac	Nombre.	1	1	1 par hamac.	1/10 du nombre total	(a) Suivant les installations.
H. C. C.	H. C. C.	121	203	Araignées de hamacs	Idem.	2	2	2 par hamac.	1/3 du nombre total.	(b) Suivant les installations à raison de 1 par homme couchant en hamac.
C.N.	A.F.	122	500	Bancs pour équipage	Idem.	3	3	(a)	»	
H. C. C.	H. C. C.	121	112	Couvertures en laine gris beige : pour couchettes (dimensions couvertures de maîtres)	Idem.	4	4	2 par couchette.	1/30 du nombre total.	
H. C. C.	H. C. C.	121	203	Couvertures en laine gris beige : pour hamac	Idem.	5	5	2 par hamac.	Idem	
H. C. C.	H. C. C.	121	130	Housses en toile grise : pour matelas de couchettes d'équipage	Idem.	6	6	2 par couchette.	»	
H. C. C.	H. C. C.	121	131	Housses en toile grise : pour oreiller de couchettes d'équipage	Idem.	7	7	Idem.	»	
H. C. C.	H. C. C.	121	200	Hamacs en toile à double fonds non garnis pour équipage	Idem.	8	8	(b)	1	
H. C. C.	H. C. C.	121	158	Matelas en coutil à bourrelets, capitonnés dits «américains»	Idem.	9	9	1 par couchette.	1	
H. C. C.	H. C. C.	121	207	Matelas de hamac en toile grise	Idem.	10	10	1 par hamac.	1	
H. C. C.	H. C. C.	121	206	Numéros peints sur écussons en toile pour hamacs	Idem.	11	11	1 par hamac.	»	
H. C. C.	H. C. C.	121	204	Rabans de hamacs	Idem.	12	12	1 par hamac.	1/4 du nombre total.	
H. C. C.	H. C. C.	121		Sommiers métalliques système de 1 m. 90 × 0 m. 58	Idem.	13	13	(a)	»	
C.N.	A.F.	122	523	Tables pour équipage	Idem.	14	14	(a)	»	
C.N.	A.F.	94		Planches à roulis pour couchettes d'équipage	Idem.	15	15	1 par couchette.	»	
C.N.	A.F.	94		Toiles recouvrant le dessous des couchettes	Idem.	16	16	1 par couchette relevable.	»	
H. C. C.	H. C. C.	121		Oreiller en coutil pour couchettes de sous-marin, à section triangulaire	Idem.	17	17	1 par couchette.	1	

DIRECTIONS [illegible] :		NUMÉROS D'ORDRE de la nomenclature.		NOMENCLATURE DES OBJETS À FOURNIR.	ESPÈCES des unités.	REPÈRES.	REPÈRES.	BASES DES DÉLIVRANCES.		OBSERVATIONS.
Les délivrances [illegible] 1er armement.	Les délivrances [illegible] ; les 1res délivrances, les [illegible] et les réparations.	Par unité collective.	Par unité simple.					[illegible]	[illegible]	
1	2	3	4	5	6	7	8	9	10	11
				Article X.						
				MATÉRIEL RELATIF AU TUYAUTAGE D'EAU DES APPAREILS DE COQUE.						
				§ 2. OBJETS DIVERS.						
C. N.	A. F.	117	9	Seaux en bois à oreilles	Nombre.	1	1	4	«	
C. N.	A. F.	58	2401	Lance en cuivre rouge avec raccord en bronze de 40 millimètres	*Idem.*	2	2	2	«	
C. N.	A. F.	94	802	Toiles pour manches à eau ou tuyau de fil sans couture de 45 millimètres de diamètre intérieur et de 8 mètres de longueur pour incendie avec	*Idem.*	3	3	4	«	
C. N.	A. F.	58	3245	Boites de raccordement en bronze de 40 millimètres de diamètre intérieur.	*Idem.*	4	4	4	«	
C. N.	A. F.	99	220	Seaux en toile	*Idem.*	5	5	4	«	
C. N.	A. F.	62		Rondelles en cuir D=60 d=40 pour tuyau de lavage du pont	*Idem.*	6	6	«	2	
C. N.	A. F.	58		Cols de cygne doubles pour lavage du pont avec un bouchon plein	*Idem.*	7	7	2	«	

DIRECTIONS [illegible]		NUMÉROS D'ORDRE de la [illegible]		NOMENCLATURE DES OBJETS À FOURNIR.	ESPÈCES des unités.	REPÈRES.		REPÈRES.	BASES DES DÉLIVRANCES.		OBSERVATIONS.
Les délivrances en 1er armement.	Les délivrances [illegible]	Par unité collective.	Par unité simple.						ARMEMENT.	RECHANGES.	
1	2	3	4	5	6	7		8	9	10	11
				Annexe XVI.							
				MATÉRIEL RELATIF AUX FERMETURES DIVERSES.							
				§ II. — **MATÉRIEL D'ARMEMENT ET SES RECHANGES.**							
C. N.	A. F.			Dômes pour panneaux d'accès	Nombre.	1		1	Suivant les besoins.		
C. N.	C. N.	24	3500	Capots en toile pour panneaux d'accès	*Idem.*	2		2	1 par dôme.		
C. N.	A. F.			Gardes en laiton en 2 parties pour panneaux	*Idem.*	3		3	1 par panneau.		

DIRECTIONS [illegible]		NUMÉROS D'ORDRE de la [illegible]		NOMENCLATURE DES OBJETS À [illegible]	ESPÈCES des unités.	REPÈRES.	REPÈRES.	BASES DES DÉLIVRANCES.		OBSERVATIONS.
Les délivrances au 1er armement.	Les délivrances [illegible]	Par unité collective.	Par unité simple.					[illegible]	[illegible]	
1	2	3	4	5	6	7	8	9	10	11
				Article XVII. **MATÉRIEL RELATIF AUX MONTANTS DIVERS ET AU PITONNAGE.** § I. — **RECHANGES DES INSTALLATIONS.**						
				§ II. — **MATÉRIEL D'ARMEMENT ET SES RECHANGES.** APPAREILS DE SAUVETAGE ET OBJETS DIVERS.						
C. N.	A. F.	119	92-93	Couronnes de sauvetage système Berthet ou Bobett	Nombre	1	1	2	»	
C. N.	A. F.	119	91	Lignes de sauvetage système Brunel sans étui	*Idem.*	2	2	8	»	
C. N.	A. F.	95		Brassières Flottant ou similaires	*Idem.*	3	3	1 par homme.	1/10 de l'effectif.	
C. N.	A. F.	127	110	Ceintures pour attache sur le pont	*Idem.*	4	4	10	»	
C. N.	A. F.			Bouts d'amarrage pour ceintures avec ferrure à une extrémité et mousqueton à l'autre extrémité	*Idem.*	5	5	10	»	
C. N.	A. F.	14		Filières de tente de 33 millimètres de circonférence en parties	*Idem.*	6	6	1	»	
C. N.	C. N.	94	3572	Tente sous-marin	Jeu	7	7	1	»	
C. N.	A. F.			Cisaille portative pour couper les câbles sous l'eau, système Ardy ou similaires	Nombre.	8	8	1	»	

DIRECTIONS [illegible] : Les débarquements en 1er armement.	DIRECTIONS [illegible] : Les débarquements, les remplacements et les réparations.	NUMÉROS D'ORDRE de la [illegible] : Par [illegible] collective.	NUMÉROS D'ORDRE de la [illegible] : Par [illegible] simple.	NOMENCLATURE DES OBJETS À FOURNIR.	ESPÈCES des unités.	REPÈRES.		REPÈRES.	BASES DES ALLOCATIONS : Armement.	BASES DES ALLOCATIONS : En réserve.	OBSERVATIONS.
1	2	3	4	5	6	7		8	9	10	11
				Section XVIII.							(1) 0 m. 50 aux sous-marins de 1re classe, 0 m. 35 aux sous-marins de 2e classe.
				MATÉRIEL SPÉCIAL À LA NAVIGATION MIS À LA DISPOSITION DES SERVICES DU BORD.							
				MATÉRIEL DE LA SPÉCIALITÉ DE LA MANŒUVRE.							
				Outils, ustensiles et objets divers.							
C. N.	C. N.	109	120	Carton formant reliure mobile pour la conservation des feuilles d'armement.	Nombre.	1	(1)	1	1	"	
C. N.	A. F.	102	1875	Épissoirs en acier de : 15 centimètres de longueur	Idem.	2		2	1	"	
C. N.	A. F.	102	1876	Épissoirs en acier de : 20 centimètres de longueur	Idem.	3		3	1	"	
C. N.	A. F.	102	1877	Épissoirs en acier de : 25 centimètres de longueur	Idem.	4		4	1	"	
C. N.	A. F.	44	1005	Fers de gaffe à 2 croissants	Idem.	5		5	2	1	
C. N.	A. F.	116	268	Manches de gaffes en frêne de 5 mètres	Idem.	6		6	2	1	
C. N.	A. F.	102	1750	Gratte-navire à 3 faces de 150 millimètres de longueur emmanchées	Idem.	7		7	5	"	
C. N.	A. F.	102	3100	Dés paumelles de voilier	Idem.	8		8	1	"	
C. N.	A. F.	102	3130-3131	Poinçons de voilier avec manche en bois	Idem.	9		9	1	"	
C. N.	A. F.	117	59	Planche de débarquement pour sous-marin	Idem.	10		10	1	"	
C. N.	A. F.	08		Cadres déberdoirs démontables en bois	Idem.	11		11	2	"	
C. N.	A. F.	109	106	Seaux en tôle zinguée de 10 l sans couvercle	Idem.	12		12	4	"	
C. N.	A. F.	101	3533	Clé à molette n° 3 (80 millimètres d'ouverture)	Idem.	13		13	1	"	
C. N.	A. F.	103	222	Poulie non estropée simple, à rouets de bronze de 10, rapport 6	Idem.	14		14	1	"	
C. N.	A. F.	94	1570	Défenses sphériques de (1) de diamètre	Idem.	15		15	4	"	
C. N.	A. F.	103	318	Poulie ferrée dite coupée, simple de 18 rapport 5 avec rouet en bronze	Idem.	16		16	1	"	

DIRECTIONS DU MATÉRIEL À TERRE où s'opèrent :		NUMÉROS D'ORDRE de la nomenclature.		NOMENCLATURE DES OBJETS À FOURNIR.	ESPÈCES des unités.	REPÈRES.	REPÈRES.	BASES DES DÉLIVRANCES.		OBSERVATIONS.
Les délivrances du 1er armement.	Les délivrances au réarmement ; les 1res délivrances ; les renouvellements et les réparations.	Par unité collective.	Par unité simple.					[illegible]	[illegible]	
1	2	3	4	5	6	7	8	9	10	11
				Article LXVII.						(1) 5.000 kilogrammes aux sous-marins de 1re classe. 3.000 kilogrammes aux sous-marins de 2e classe.
				LEST MOBILE						(2) Une quantité égale au poids des torpilles des tubes.
				§ 1. — **MATÉRIEL D'ARMEMENT ET SES RECHANGES.**						
C.N.	C.N.	50		Plomb doux pour lest mobile, en lingots de 25 kilogs	Kilog.	1	1	(1)		
C.N.	C.N.	10		Lest de compensation en gueuses de fonte	*Idem.*	2	2	(2)		

DIRECTIONS [illegible]		NUMÉROS D'ORDRE de la NOMENCLATURE.		NOMENCLATURE DES OBJETS À FOURNIR.	ESPÈCES des unités.	REPÈRES.	REPÈRES.	BASES DES DÉLIVRANCES.		OBSERVATIONS.
Les délivrances au 1er armement	Les délivrances en réarmement; les 1res délivrances; les renouvellements et les réparations.	Par unité collective.	Par unité simple.					Armement.	Rechange.	
1	2	3	4	5	6	7	8	9	10	11
				2° TIMONERIE.						
				ARTICLE VI.						
				MATÉRIEL RELATIF AUX EMMÉNAGEMENTS ET LOGEMENTS.						
				§ I. — RECHANGES DES INSTALLATIONS.						
				§ II. — MATÉRIEL D'ARMEMENT ET SES RECHANGES.						
				MEUBLES ET OBJETS D'AMEUBLEMENT MOBILES.						
C.N.	A.F.	110	20	Broc en tôle zinguée d'une contenance de 6 litres environ	Nombre.	1	1	3		
C.N.	A.F.	122	480	Seau en tôle émaillée, qualité ordinaire	Idem.	2	2	3		
				CHAMBRES PARTICULIÈRES DES OFFICIERS.						
C.N.	A.F.	110	2	Bol à savon	Idem.	3	3	1 par officier		
C.N.	A.F.	110	25	Boîte à brosses en faïence	Idem.	4	4	1 par lavabo.		
C.N.	A.F.	110	30	Carafe en verre ordinaire bouchée, pour toilette	Idem.	5	5	1 par lavabo.		
C.N.	A.F.	110	37	Chaise type viennois ou genre noyer foncée en paille	Idem.	6	6	1 par officier.		
C.N.	A.F.	110	110	Porte-manteaux arqués en bois à une tige en laiton	Idem.	7	7	4 par officier.		
C.N.	A.F.	110	128	Porte-pantalons	Idem.	8	8	2 par officier.		
C.N.	A.F.	110		Porte-serviettes à deux branches	Idem.	9	9	1 par officier		
C.N.	A.F.	110	22	Boîte à savon en faïence	Idem.	10	10	2 par lavabo.		
C.N.	A.F.	94		Planche à roulis amovible	Idem.	11	11	1 par couchette.		
C.N.	A.F.	94		Toile recouvrant le dessous des couchettes	Nombre.	12	12	1 par couchette relevable.		
C.N.	A.F.	122	706	Vase de nuit en faïence	Idem.	13	13	1 par lavabo.		
C.N.	A.F.	115	306	Verre à eau	Idem.	14	14	1 par lavabo.		
C.N.	C.N.	94		Coussins en moleskine	Idem.	15	15	Le nombre nécessaire.		
C.N.	C.N.	94		Housse en toile de Laval pour coussins	Idem.	16	16	1 par coussin.		
				CARRÉ OU SALLE À MANGER DES OFFICIERS.						
C.N.	A.F.	110	118	Photographie du bâtiment, sans cadre	Idem.	17	17	1		
C.N.	A.F.	110	155-162	Surtout pour table à manger	Idem.	18	18	1		
C.N.	A.F.	110	164	Chevilles en bois pour table à roulis	Idem.	19	19	18 par couvert.		
C.N.	A.F.	110	166	Boîte en bois pour chevilles	Idem.	20	20	1		
C.N.	A.F.			Cadre 80×60 en noyer verni pour photographie du bâtiment	Idem.	21	21	1		
C.N.	C.N.	94		Coussins en moleskine	Idem.	22	22	Le nombre nécessaire.		
C.N.	C.N.	94		Housse en toile de Laval pour coussins	Idem.	23	23	1 par coussin.		

DIRECTIONS de service à faire ou d'opérer : Les délivrances de 1er armement.	Les délivrances en désarmement, les 1res délivrances, les renouvellements et les réparations.	NUMÉROS D'ORDRE de la nomenclature. Par unité collective.	Par unité simple.	NOMENCLATURE DES OBJETS À FOURNIR.	ESPÈCES des unités.	REPÈRES.	REPÈRES.	BASES DES DÉLIVRANCES. Armement.	Rechanges.	OBSERVATIONS.
1	2	3	4	5	6	7	8	9	10	11
				Maîtres.						
				Chambre particulière des premiers maîtres (1).						(1) *Si* cette chambre existe.
C.N.	A.F.	119	2	Bol à savon	Nombre.	1	1	1 par lavabo.		(2) Par maître ou 2e maître couchant dans le poste.
C.N.	A.F.	110	23	Boîte à brosses en faïence	*Idem.*	2	2	1 par lavabo.		
C.N.	A.F.	110	30	Carafe en verre ordinaire bouchée, pour toilette	*Idem.*	3	3	1 par lavabo.		
C.N.	A.F.	110		Pliant en bois blanc garni en toile de dimensions réduites	*Idem.*	4	4	1 par maître.		
C.N.	A.F.	110	110	Porte-manteaux arqués en bois avec tige en laiton	*Idem.*	5	5	4 par maître.		
C.N.	A.F.	110	123	Porte-pantalons	*Idem.*	6	6	2 par maître.		
C.N.	A.F.	110		Porte-serviettes à deux branches	*Idem.*	7	7	1 par chambre.		
C.N.	A.F.	110	22	Boîte à savon en faïence	*Idem.*	8	8	1 par lavabo.		
C.N.	A.F.	121		Planche à roulis amovible	*Idem.*	9	9	1 par couchette.		
C.N.	A.F.	121		Toile recouvrant le dessous des couchettes	*Idem.*	10	10	1 par couchette relevable.		
C.N.	A.F.	122	706	Vase de nuit en faïence	*Idem.*	11	11	1 par lavabo.		
C.N.	A.F.	115	306	Verre à eau	*Idem.*	12	12	1 par lavabo.		
C.N.	C.N.	94		Coussins en moleskine	*Idem.*	13	13	Le nombre nécessaire.		
C.N.	C.N.	94		Housse en toile de Laval pour coussins	*Idem.*	14	14	1 par coussin.		
				POSTE DES MAÎTRES ET SECONDS MAÎTRES SERVANT DE SALLE À MANGER.						
C.N.	A.F.	119	2	Bol à savon	Nombre.	15	15	1 par lavabo.		
C.N.	A.F.	110	23	Boîte à brosses en faïence	*Idem.*	16	16	*Idem.*		
C.N.	A.F.	110	30	Carafe en verre ordinaire bouchée, pour toilette	*Idem.*	17	17	*Idem.*		
C.N.	A.F.	110		Pliant en bois blanc garni en toile de dimensions réduites	*Idem.*	18	18	1 (2)		
C.N.	A.F.	110	22	Boîte à savon en faïence	*Idem.*	19	19	2 par lavabo.		
C.N.	A.F.	110	166	Boîte en bois pour chevilles	*Idem.*	20	20	2		
C.N.	A.F.	110	164	Chevilles en bois pour table à roulis	*Idem.*	21	21	15 par couvert		
C.N.	A.F.	110	155-162	Surtout pour table à manger	*Idem.*	22	22	1 par table.		
C.N.	A.F.	121		Planche à roulis amovible	*Idem.*	23	23	1 par couchette.		
C.N.	A.F.	121		Toile recouvrant le dessous des couchettes	*Idem.*	24	24	1 par couchette relevable		
C.N.	A.F.	122	706	Vase de nuit en faïence	*Idem.*	25	25	1 par lavabo.		
C.N.	A.F.	115	306	Verre à eau	*Idem.*	26	26	*Idem.*		

DIRECTIONS DU SERVICE À TERRE où s'opèrent : Les délivrances en 1er armement.	Les délivrances en remplacement; les 1res délivrances des remplacements et les réparations.	NUMÉROS D'ORDRE de la NOMENCLATURE. Par unité collective.	Par unité simple.	NOMENCLATURE DES OBJETS À FOURNIR.	ESPÈCES des unités.	REPÈRES.	REPÈRES.	BASES DES DÉLIVRANCES. Armement.	Rechanges.	OBSERVATIONS.
1	2	3	4	5	6	7	8	9	10	11
										(λ) Par porte ouvrant sur la coursive. (a) Suivant les installations.
				LITERIE, TAPIS, TENTURE, OBJETS DIVERS, DE TAPISSERIE ET DE PASSEMENTERIE.						
				OFFICIERS.						
				Chambre particulière des officiers.						
H. C. C.	H. C. C.	121	108	Couvertures en coton, blanche pour officiers	Nombre.	1	1	1 par couchette.		
H. C. C.	H. C. C.	121	110	Couvertures en laine blanche, pour officiers	*Idem.*	2	2	*Idem.*		
H. C. C.	H. C. C.	121	116	Couvre-lits en serge cramoisie	*Idem.*	3	3	*Idem.*		
C. N.	A. F.	122	93a	Tapis descente de lit pour officiers	*Idem.*	4	4	1 par chambre.		
H. C. C.	H. C. C.	121		Enveloppes en coutil : { pour matelas réduits de	*Idem.*	5	5	1 par matelas.		
H. C. C.	H. C. C.	121		Enveloppes en coutil : { pour traversins réduits	*Idem.*	6	6	1 par traversin.		
H. C. C.	H. C. C.	121		Matelas réduit en laine et crin recouvert en coutil pour officier	*Idem.*	7	7	1 par couchette.		
H. C. C.	H. C. C.	121	144	Oreiller en coutil garni en plume, pour officier	*Idem.*	8	8	*Idem.*		
C. N.	A. F.	94	1487	Rideaux de portière en serge rouge	*Idem.*	9	9	1 (λ)		
H. C. C.	H. C. C.	121		Traversins réduits en coutil pour lit d'officier	*Idem.*	10	10	1 par couchette.		
H. C. C.	H. C. C.	121		Sommiers à ressorts de 1 m. 90 }	*Idem.*	11	11	*Idem.*		
				Carré ou salle à manger des officiers.						
C. N.	A. F.	94	1487	Rideau de serge rouge en « parties	Nombre.	12	12	(a)		
C. N.	A. F.	94	1505	Tapis de table	*Idem.*	13	13	1		

Directions du service à faire où s'opèrent : Les délivrances au 1er armement.	Les délivrances au désarmement; les 1res délivrances; les renouvellements et les réparations.	Numéros d'ordre de la nomenclature. Par unité collective.	Par unité simple.	Nomenclature des objets à fournir.	Espèces des unités.	Repères.	Repères.	Bases des délivrances. Armement.	[illegible]	Observations.
1	2	3	4	5	6	7	8	9	10	11
				Maitres.						(1) Si cette chambre existe.
				Chambre particulière des premiers maitres. (1)						(2) Suivant les besoins.
H. C. C.	H. C. C.	121	108	Couverture en coton; blanche, pour maitres	Nombre.	1	1	1 par couchette.		
H. C. C.	H. C. C.	121	112	Couverture en laine gris beige pour maitres	*Idem.*	2	2	*Idem.*		
H. C. C.	H. C. C.	121	117	Couvre-lit en serge bleue	*Idem.*	3	3	*Idem.*		
C. N.	A. F.	122	933	Tapis descente de lit pour maitres	*Idem.*	4	4	1		
H. C. C.	H. C. C.	121		Enveloppe en coutil : pour matelas réduits de	*Idem.*	5	5	1 par matelas.		
H. C. C.	H. C. C.	121		Enveloppe en coutil : pour traversins réduits	*Idem.*	6	6	1 par traversin.		
H. C. C.	H. C. C.	121		Matelas réduit en laine et crin recouvert en coutil pour maitres	*Idem.*	7	7	1 par couchette.		
H. C. C.	H. C. C.	121	144	Oreillers en coutils garnis en plume pour maitres	*Idem.*	8	8	*Idem.*		
C. N.	A. F.	94	1487	Rideau portière en serge bleue	*Idem.*	9	9	1		
H. C. C.	H. C. C.	121		Traversin réduit en coutil, pour lit de non officier	*Idem.*	10	10	1 par couchette.		
H. C. C.	H. C. C.	121		Sommiers à ressorts de 1 m.90	*Idem.*	11	11	1 par couchette.		
				Postes des maitres et deuxièmes maitres.						
H. C. C.	H. C. C.	121	108	Couvertures en coton, blanches, pour maitres	*Idem.*	12	12	1 par couchette.		
H. C. C.	H. C. C.	122	112	Couvertures en laine gris beige pour maitres	*Idem.*	13	13	*Idem.*		
H. C. C.	H. C. C.	121	117	Couvre-lits en serge bleue	*Idem.*	14	14	*Idem.*		
C. N.	A. F.	121	933	Tapis descente de lit pour maitres	*Idem.*	15	15	(2)		
H. C. C.	H. C. C.	121		Enveloppes en coutil : pour matelas réduits de	*Idem.*	16	16	1 par matelas.		
H. C. C.	H. C. C.	121		Enveloppes en coutil : pour traversins réduits	*Idem.*	17	17	1 par traversin.		
H. C. C.	H. C. C.	121		Matelas réduits en laine et crin recouverts en coutil pour maitres	*Idem.*	18	18	1 par couchette.		
H. C. C.	H. C. C.	121	144	Oreillers en coutils, garnis en plume, pour maitres	*Idem.*	19	19	*Idem.*		
H. C. C.	H. C. C.	121		Sommiers métalliques système de 1 m. 90	*Idem.*	20	20	1 par couchette.		
H. C. C.	H. C. C.	121		Traversins réduits en coutil pour lit de non officier	*Idem.*	21	21	*Idem.*		
H. C. C.	H. C. C.	121	200	Hamacs en toile à double fonds, non garnis	*Idem.*	22	22	Suivant les installations.		
H. C. C.	H. C. C.	121	203	Garnitures de hamacs comprenant : 2 araignées de hamac	*Idem.*	23	23	1 par hamac.		
H. C. C.	H. C. C.	121	202	Garnitures de hamacs comprenant : 2 anneaux en fer pour hamac	*Idem.*	24	24			
H. C. C.	H. C. C.	121	204	Garnitures de hamacs comprenant : 2 raban de hamac	*Idem.*	25	25			
H. C. C.	H. C. C.	121	208	Couvertures en laine gris beige pour hamac	*Idem.*	26	26	2 par hamac.		
H. C. C.	H. C. C.	121	207	Matelas de hamac en toile grise	*Idem.*	27	27	1 par hamac.		
C. N.	A. F.	94	920	Tapis de table en toile cirée	*Idem.*	28	28	1 par table.		
C. N.	A. F.	94		Rideau en toile de coursive	*Idem.*	29	29	Suivant les installations.		

DIRECTIONS qui [illegible] : Les délivrances au 1er armement.	DIRECTIONS qui [illegible] : Les délivrances au réarmement; les 2es délivrances; les renouvellements et les réparations.	NUMÉROS D'ORDRE de la nomenclature : Par unité collective.	NUMÉROS D'ORDRE de la nomenclature : Par unité simple.	NOMENCLATURE DES OBJETS À FOURNIR.	ESPÈCES des unités.	REPÈRES.	REPÈRES.	BASES DES DÉLIVRANCES : [illegible]	BASES DES DÉLIVRANCES : [illegible]	OBSERVATIONS.
1	2	3	4	5	6	7	8	9	10	11
				§ 3. — AMEUBLEMENT ET COUCHAGE DE L'ÉQUIPAGE.						
				Poste de l'équipage.						
C. N.	A. F.	122	345	Glace avec cadre en pitchpin verni de 41×50	Nombre.	1	1	1 par poste.		

DIRECTIONS OU SERVICES À TERRE où s'opèrent : Les délivrances de 1er armement.	Les délivrances en remplacement; les 1res délivrances; les renouvellements et les réparations.	NUMÉROS D'ORDRE de la NOMENCLATURE. Par unité collective.	Par unité simple.	NOMENCLATURE DES OBJETS À FOURNIR.	ESPÈCES des unités.	REPÈRES.	REPÈRES.	BASES DES DÉLIVRANCES. ARMEMENT.	[illegible]	OBSERVATIONS.
1	2	3	4	5	6	7	8	9	10	11
				§ 4. — AMEUBLEMENT DES POSTES DE T. S. F., OFFICES, ETC.						(a) Si les installations le permettent.
				Poste de T. S. F.						
C. N.	A. F.	110		Pliant en bois blanc garni en toile de dimensions réduites	Nombre.	1	1	1		
				Cuisine, Office.						
C. N.	A. F.	110		Pliant en bois blanc garni en toile de dimensions, réduites	Nombre.	2	2	1		
				Poste central.						
C. N.	A. F.	110		Pliant en bois blanc garni en toile de dimensions réduites	Nombre.	3	3	2		
				Divers.						
C. N.	A. F.	110		Cadre vitré mobile, pour cartes	Nombre.	4	4	1 (a)		

DIRECTIONS [illegible]		NUMÉROS D'ORDRE de la [illegible]		NOMENCLATURE DES OBJETS À FOURNIR.	ESPÈCES des unités.	REPÈRES.	REPÈRES.	BASES DES DÉLIVRANCES.		OBSERVATIONS
Les délivrances au 1er armement.	Les délivrances au réarmement; les 1res délivrances; les renouvellements et les réparations.	Par unité collective.	Par unité simple.					[illegible]	[illegible]	
1	2	3	4	5	6	7	8	9	10	11
				ARTICLE XVI.						
				MATÉRIEL RELATIF AUX FERMETURES DIVERSES.						
				§ I. — **RECHANGES DES INSTALLATIONS.**						
				§ II. — **MATÉRIEL D'ARMEMENT ET SES RECHANGES.**						
C. N.	A. F.	17	7810	Cadenas en fer zingué avec clés en fer, de 40 millimètres	Nombre.	1	1	Suivant les besoins.		

DIRECTIONS du service à terre où s'opèrent : Les délivrances en 1er armement.	Les délivrances en désarmement; les 1res délivrances; les renouvellements et les réparations.	NUMÉROS D'ORDRE de la nomenclature. Par unité collective.	Par unité simple.	NOMENCLATURE DES OBJETS À FOURNIR.	ESPÈCES des unités.	REPÈRES.	REPÈRES.	BASES DES DÉLIVRANCES. [illegible]	[illegible]	OBSERVATIONS.
1	2	3	4	5	6	7	8	9	10	11
				ARTICLE XVIII.						
				MATÉRIEL SPÉCIAL À LA NAVIGATION, MIS À LA DISPOSITION DES SERVICES DU BORD.						
				§ 1. **RECHANGES DES INSTALLATIONS.**						
				APPAREILS DE VISION, COMPAS, ETC...						
C. N.	A. F.			Cuirs emboutis pour presse-étoupes de périscopes	Jeu	1	1		1	
				USTENSILES DE SONDAGE, LOCHS ET DIVERS.						
C. N.	C. N.	90		Membranes en caoutchouc pour manomètre de plongée à mercure d...	Nombre.	2	2		1	
C. N.	C. N.			Glaces pour manomètres	Idem.	3	3		1 de chaque types.	
C. N.	A. F.			Cuir pour habitacle du compas étalon de plongée	Idem.	4	4		La quantité en place.	
C. N.	A. F.			Verre circulaire pour habitacle du compas de route de... millimètres, e... millimètres	Idem.	5	5		Idem.	
C. N.	A. F.			Verre circulaire s'opposant à la formation de la buée sur le verre de l'habitacle de... millimètres, e... millimètres	Idem.	6	6		Idem.	
C. N.	A. F.			Verre dépoli pour l'habitacle du compas de route	Idem.	7	7		Idem.	
C. N.	A. F.			Verre transparent pour l'habitacle du compas étalon de plongée	Idem.	8	8		Idem.	
C. N.	A. F.			Verre dépoli pour l'habitacle du compas étalon de plongée	Idem.	9	9		Idem.	
C. N.	C. N.	90		Bandes en caoutchouc pour habitacles des compas	Mètre.	10	10		La quantité en place.	
C. N.	C. N.	90		Rondelles en caoutchouc pour habitacles des compas	Nombre.	11	11		1 de chaque type.	

DIRECTIONS ou SERVICES À TERRE où s'opèrent : Les délivrances du 1er armement.	Les délivrances de réarmement; les 1res délivrances, les renouvellements et les réparations.	NUMÉROS D'ORDRE de la nomenclature. Par unité collective.	Par unité simple.	NOMENCLATURE DES OBJETS À FOURNIR.	ESPÈCES des unités.	REPÈRES.	REPÈRES.	BASES DES DÉLIVRANCES. ARMEMENT.	RECHANGES.	OBSERVATIONS.
1	2	3	4	5	6	7	8	9	10	11
				§ II. — MATÉRIEL D'ARMEMENT ET SES RECHANGES.						(1) Pour mémoire. La base de délivrance pour l'appareil d'assèchement des périscopes est à fixer par le Département (D. du 28 septembre 1928, n° 11806 C. N. 4). (a) À défaut de jumelles × 12 il pourra être délivré des jumelles × 10. (b) À défaut de jumelles × 6 à grand champ, il sera délivré des jumelles ordinaires, non micrométrées de grossissements 8 ou 7, ou 6 indistinctement.
C. N.	C. N.	92		Capots en cuivre pour objectifs des périscopes de : veille	Nombre.	1	1	1		
C. N.	C. N.	92		Capots en cuivre pour objectifs des périscopes de : attaque	Idem.	2	2	1		
C. N.	C. N.	92		Capots en cuivre pour objectifs des périscopes de : secours	Idem.	3	3	1		
C. N.	C. N.			Boîte d'outillage et de rechanges	Idem.	4	4	1 par périscope.		
C. N.	C. N.	92		Appareil d'assèchement des périscopes, complet	Idem.	5	5	(1)		
C. N.	C. N.	92		Cuvette de compas liquide, de 0 m. 20 : route	Idem.	6	6	1		
C. N.	C. N.	92		Cuvette de compas liquide, de 0 m. 20 : étalon	Idem.	7	7	1		
C. N.	C. N.	92		Compas amovible de 0 m. 20	Idem.	8	8	1		
C. N.	C. N.	92		Glace supérieure pour compas liquide de 0 m. 20	Idem.	9	9		1 par compas.	
C. N.	C. N.	92		Glace inférieure pour compas liquide de 0 m. 20	Idem.	10	10		Idem.	
C. N.	C. N.	92		Barreaux aimantés cylindriques, gainés ou non gainés : 0,100×0,005	Idem.	11	11	Suivant les besoins.		
C. N.	C. N.	92		Barreaux aimantés cylindriques, gainés ou non gainés : 0,152×0,005 ou 0,010	Idem.	12	12			
C. N.	C. N.	92		Barreaux aimantés cylindriques, gainés ou non gainés : 0,178×0,005 ou 0,010	Idem.	13	13			
C. N.	C. N.	92		Barreaux aimantés cylindriques, gainés ou non gainés : 0,201×0,005 ou 0,010	Idem.	14	14			
C. N.	C. N.	92		Barreaux aimantés cylindriques, gainés ou non gainés : 0,228×0,005 ou 0,010	Idem.	15	15			
C. N.	C. N.			Barreaux aimantés modèle 1928 de : 180×15×15	Idem.	16	16	Suivant les besoins.		
C. N.	C. N.			Barreaux aimantés modèle 1928 de : 180×8×8	Idem.	17	17			
C. N.	C. N.			Barreaux aimantés modèle 1928 de : 150×8×8	Idem.	18	18			
C. N.	C. N.	92		Alidade pour compas amovible liquide de relèvement de 0 m. 20	Idem.	19	19	1		
C. N.	C. N.	92	1143-1144	Compas rapporteurs dits taximètres gradués de 0 à 360°	Idem.	20	20	2		
C. N.	C. N.			Capots en cuir pour pied de périscope : veille	Idem.	21	21	1		
C. N.	C. N.			Capots en cuir pour pied de périscope : attaque	Idem.	22	22	1		
C. N.	C. N.			Capots en cuir pour pied de périscope : secours	Idem.	23	23	1		
C. N.	C. N.			Rose pour compas liquide	Idem.	24	24		1 de chaque type.	
C. N.	C. N.	92	4114	Jumelle prismatique non micrométrée × 12 (a)	Idem.	25	25	1		
C. N.	C. N.	92	4110	Jumelle prismatique non micrométrée × 6 (b)	Idem.	26	26	1		
C. N.	C. N.	92	4151	Longue vue sémaphorique, petit modèle	Idem.	27	27	1		

DIRECTIONS du service à verser ou à pourvoir : Les délivrances au 1er armement.	Les délivrances au désarmement ; les 1res délivrances, les renouvellements et les réparations.	NUMÉROS D'ORDRE de la nomenclature. Par unité collective.	Par unité simple.	NOMENCLATURE DES OBJETS À FOURNIR.	ESPÈCES des unités	REPÈRES.	REPÈRES.	BASES DES DÉLIVRANCES. ARMEMENT.	RECHANGES.	OBSERVATIONS.
1	2	3	4	5	6	7	8	9	10	11
				USTENSILES DE SONDAGE, LOCHS ET DIVERS.						
C. N.	C. N.	92	7000	Sondeur Warluzel	Nombre.	1	1	1	»	
C. N.	C. N.	92	7004	Plomb pour sondeur Warluzel	Idem.	2	2	1	1	
C. N.	C. N.	92	7007	Tube pour sondeur Warluzel	Idem.	3	3	1	1	
C. N.	C. N.	92	7005	Règle jauge pour sondeur Warluzel	Idem.	4	4	1	»	
C. N.	C. N.	92	7001	Bobine garnie de 500 mètres de fil d'acier zingué pour sondeur Warluzel	Idem.	5	5	1	1	
C. N.	A. F.	94	152	Ligne de sonde blanche 1er brin de 90 millimètres de circonférence et de 30 mètres de longueur	Idem.	6	6	2		
C. N.	A. F.	92	7141	Plomb de sonde pour sondage à main de : 4 kilogr.	Idem.	7	7	2		
C. N.	A. F.	92	7146	Plomb de sonde pour sondage à main de : 15 kilogr.	Idem.	8	8	1		
C. N.	C. N.	92		Appareil enregistreur d'immersion et d'assiette	Idem.	9	9	1		
C. N.	A. F.	58		Cloche en bronze de 5 à 6 kilogr.	Idem.	10	10	1		
C. N.	A. F.	117	80	Porte-voix dit mégaphone	Idem.	11	11	1		
C. N.	A. F.	122	525	Tableau noir pour écoles de 0 m. 80 et au-dessus	Idem.	12	12	1		
C. N.	C. N.	105		Manomètres : de plongée gradués de 0 à 100 mètres de 380 millimètres de diamètre	Idem.	13	13	4 (a)		(a) 1 kiosque. 1 compartiment barre AV. 1 compartiment barre AR. 1 poste central.
C. N.	C. N.	105		Manomètres : d'eau de mer de densité 1,026 de 140 millimètres de diamètre	Idem.	14	14	1 (b)		(b) Poste central.

DIRECTIONS ET SERVICES À VISER où s'opèrent :		NUMÉROS D'ORDRE de la NOMENCLATURE.		NOMENCLATURE DES OBJETS À FOURNIR.	ESPÈCES des unités.	REPÈRES.	REPÈRES.	BASES DES DÉLIVRANCES.		OBSERVATIONS.
Les délivrances en 1er armement.	Les délivrances des rechanges; les 1res délivrances, les remplacements et les réparations.	Par unité collective.	Par unité simple.					[illegible]	[illegible]	
1	2	3	4	5	6	7	8	9	10	11
				MATÉRIEL DE LA SPÉCIALITÉ TIMONERIE.						(A) 2 aux sous-marins de [illegible] classe.
C. N.	A. F.	105	2010	Baromètre anéroïde	Nombre.	1	1	1		
C. N.	A. F.	105	2016	Baromètre enregistreur (moyen modèle)	Idem.	2	2	1		(B) Les sous-marins partant en campagne lointaine pourront recevoir une montre d'azimètre supplémentaire.
C. N.	A. F.	92	9070	Densimètre système Thoulet petit modèle (avec une boîte en bois contenant deux éprouvettes)	Idem.	3	3	1	1	
C. N.	C. N.	92	6180	Micromètre à double réflexion système Fleuriais avec disque à calcul	Idem.	4	4	1		
C. N.	C. N.	92	6320	Grand miroir pour micromètre Fleuriais	Idem.	5	5		1	
C. N.	C. N.	92	6321	Petit miroir ... Idem	Idem.	6	6		1	
E. M. A.	E. M. A.	92		Montre anti-magnétique de torpilleur	Idem.	7	7	1 (A)		
C. N.	C. N.	92	3070	Montre d'azimètre avec accessoires comprenant : Montre d'azimètre	Idem.	8	8	1		
C. N.	C. N.	92	3020	Montre d'azimètre avec accessoires comprenant : Clé de remontage	Idem.	9	9	1		
C. N.	C. N.	92	3020	Montre d'azimètre avec accessoires comprenant : Boisseau	Idem.	10	10	1		
C. N.	A. F.	92	3100	Stigmographe Beaurel	Idem.	11	11	1		
C. N.	A. F.	105	2052	Thermomètre maxima et minima Six et Belloni	Idem.	12	12	1		
E. M. A.	E. M. A.			Chronomètre	Idem.	13	13	1 (B)		
C. N.	A. F.	105	2061	Thermomètre enregistreur	Idem.	14	14	1		
C. N.	A. F.	105	2080	Thermomètre à mercure modèle 1896	Idem.	15	15	1		
C. N.	A. F.			Sextant	Idem.	16	16	1		
C. N.	C. N.			Jumelle de Magnac	Idem.	17	17	1 (for 17–18)		
C. N.	C. N.			Lunette ou Fleuriais	Idem.	18	18			
C. N.	A. F.	92	3110	Thermomètre plongeur	Idem.	19	19	1		

DIRECTIONS du matériel à fournir où s'opèrent : Les délivrances au 1er armement.	Les délivrances en recomplètement, les 1res délivrances, les renouvellements et les réparations.	NUMÉROS D'ORDRE de la nomenclature. Par unité collective.	Par unité simple.	NOMENCLATURE DES OBJETS À FOURNIR.	ESPÈCES des unités.	REPÈRES.	REPÈRES.	BASES DES DÉLIVRANCES. ARMEMENT.	RECHANGES.	OBSERVATIONS.
1	2	3	4	5	6	7	8	9	10	11
				MATÉRIEL ET SIGNAUX						
				FLAMMES ET PAVILLONS						
C. N.	A. F.	94		Cônes noirs de 0 m. 60 de longueur pour signaux	Nombre.	1	1	2		
C. N.	A. F.	94	3017	Boules peintes en noir de 0 m. 30 de diamètre pour signaux	Idem.	2	2	2		
C. N.	A. F.	94	300-302	Ligne de drisse en cordonnet de millimètres de circonférence	Idem.	3	3	Quantité en place.	1/5 de la quantité en place.	
C. N.	A. F.	94		Flammes rouges de moyenne distance pour sous-marins B = 5 mètres G = 1 m. 50	Mètres.	4	4	3		
C. N.	A. F.	94		Flammes du code et aperçu	Nombre.	5	5	2		
C. N.	A. F.	94	2013	Pavillons français. N° 13	Idem.	6	6	2		
C. N.	A. F.	94	2014	Pavillons français. N° 14	Idem.	7	7	3		
C. N.	A. F.	94	2015	Pavillons français. N° 15	Idem.	8	8	4		
C. N.	A. F.	94		Pavillons rouges de moyenne distance, pour sous-marins B = 2 m. G = 1 m	Idem.	9	9	2		
C. N.	A. F.	94	2000-2025	Pavillons du code international, petite série de A à Z inclus	Idem.	10	10	26 signes.		
C. N.	A. F.	94	2800-2809	Pavillons de signaux d'armée, petite série n° 0 à 9 inclus	Idem.	11	11	10 signes.		
C. N.	A. F.	94	2810	Pavillons de signaux d'armée (petite série). 1er substitut	Idem.	12	12	1		
C. N.	A. F.	94	2811	Pavillons de signaux d'armée (petite série). 2e substitut	Idem.	13	13	1		
C. N.	A. F.	94	2812	Pavillons de signaux d'armée (petite série). 3e substitut	Idem.	14	14	1		
C. N.	A. F.	94	3145	Triangles de signaux d'armée (petite série). N° 1	Idem.	15	15	1		
C. N.	A. F.	94	3146	Triangles de signaux d'armée (petite série). N° 2	Idem.	16	16	1		
C. N.	A. F.	94	1721	Flammes de signaux d'armée (petite série) n° 1	Idem.	17	17	1		
C. N.	A. F.	94	1730	Flammes de signaux d'armée (petite série) 1er substitut	Idem.	18	18	1		
C. N.	A. F.	94	3061	Trapèzes de signaux d'armée (petite série) n° 1	Idem.	19	19	1		
C. N.	A. F.	94	3241	Pavillon de pilote moyenne série	Idem.	20	20	1		

DIRECTIONS ou services à tenir où s'opèrent :		NUMÉROS D'ORDRE de la nomenclature.		NOMENCLATURE DES OBJETS À FOURNIR.	ESPÈCES des unités.	REPÈRES.	REPÈRES.	BASES DES DÉLIVRANCES.		OBSERVATIONS.
Les délivrances au 1er armement.	Les délivrances au réarmement; les 1res délivrances; les remplacements et les réparations.	Par unité collective.	Par unité simple.					Armement.	Remplacements.	
1	2	3	4	5	6	7	8	9	10	11
				ENGINS POUR SIGNAUX DE NUIT.						
A. R.	A. R.			Boîtes en carton pour feux Coston petits	Nombre.	1	1	1 par 10 feux.		
A. R.	A. R.			Feux télégraphiques de nuit Coston à inflammation mécanique, petits de 30 millimètres — N° 2	*Idem.*	2	2	7		
A. R.	A. R.			Feux télégraphiques … — N° 3	*Idem.*	3	3	3		
A. R.	A. R.			Feux télégraphiques … — N° 8	*Idem.*	4	4	5		
A. R.	A. R.			Feux télégraphiques … — N° 9	*Idem.*	5	5	7		
A. R.	A. R.			Feux télégraphiques … — A	*Idem.*	6	6	3		
A. R.	A. R.			Caisse à poudre en cuivre N° 2 pour Coston	*Idem.*	7	7	1		
A. R.	A. R.			Clef en cuivre pour ouvrir la caisse	*Idem.*	8	8	1		
A. R.	A. R.			Instruction pour l'usage des feux télégraphiques Coston	*Idem.*	9	9	1		
A. R.	A. R.			Hampe à douille pour feux Coston	*Idem.*	10	10	1		
A. R.	A. R.			Pistolet signaleur de 35 millimètres	*Idem.*	11	11	1		
A. R.	A. R.			Cartouches pour pistolet signaleur de 35 millimètres — blanche	*Idem.*	12	12	5		
A. R.	A. R.			Cartouches … — rouge	*Idem.*	13	13	5		
A. R.	A. R.			Cartouches … — verte	*Idem.*	14	14	5		
A. R.	A. R.			Fusées de signaux de 27 millimètres pour signaux à grande distance et accessoires — blanche	*Idem.*	15	15	20		
A. R.	A. R.			Fusées de signaux … — rouge	*Idem.*	16	16	25		
A. R.	A. R.			Fusées de signaux … — verte	*Idem.*	17	17	25		
				.....		18	18			
				.....		19	19			
				.....		20	20			
				.....		21	21			
				.....		22	22			
				.....		23	23			
				.....		24	24			
				.....		25	25			
				.....		26	26			
				OBJETS DIVERS.						
C. N.	C. N.	109	120	Carton formant reliure mobile pour la conservation des feuilles d'armement	*Idem.*	27	27	1		

DIRECTIONS [illegible] :		NUMÉROS D'ORDRE de la NOMENCLATURE.		NOMENCLATURE DES OBJETS À FOURNIR.	ESPÈCES des [illegible]	REPÈRES.	REPÈRES.	DATES DES DÉLIVRANCES.		OBSERVATIONS.
Les délivrances [illegible] 1er trimestre.	Les délivrances [illegible] et les réparations.	Par unité collective.	Par unité simple.					[illegible]	[illegible]	
1	2	3	4	5	6	7	8	9	10	11

DIRECTIONS [illegible] où s'opèrent :		NUMÉROS D'ORDRE de la [illegible]		NOMENCLATURE DES OBJETS À FOURNIR.	ESPÈCES des [illegible]	REPÈRES.	REPÈRES.	BASES DES DÉLIVRANCES.		OBSERVATIONS.
Les délivrances [illegible]	Les délivrances [illegible]; les [illegible] délivrances; les [illegible] et les réparations.	Par unité collective.	Par unité simple.					[illegible]	[illegible]	
1	2	3	4	5	6	7	8	9	10	11

DEUXIÈME SERVICE

RADIOTÉLÉGRAPHIE. — MICROPHONIE

DÉTENTEUR : MAITRE ÉLECTRICIEN OU MAITRE TÉLÉGRAPHISTE

Directions de services à terre où s'opèrent : Les délivrances au 1er armement.	Les délivrances aux réarmements, les 2es délivrances, les renouvellements et les réparations.	Numéros d'ordre de la nomenclature. Par unité collective.	Par unité simple.	Nomenclature des objets à fournir.	Espèces des unités.	Repères.	Repères.	Bases des délivrances. Armement.	Rechanges.	Observations.
1	2	3	4	5	6	7	8	9	10	11
				Article XV.						
				MATÉRIEL DE T. S. F. DE T. P. S. F.						(1) La ligne comprend le nombre total de porte-frotteurs existant sur un moteur divisé par le nombre de pôles.
				§ 1. — **RECHANGES DES INSTALLATIONS.**						
C. N.	A. F.	68		Isolateurs en porcelaine { pour antenne basse	Nombre.	1	1		1/4 du nombre en place.	
C. N.	A. F.	68		Isolateurs en porcelaine { pour antenne haute	*Idem.*	2	2		1/4 du nombre en place.	
C. N.	C. N.			Ressort pour antenne haute	*Idem.*	3	3		Suivant les besoins.	
C. N.	C. N.			Fil de bronze silicieux nu pour antenne de T. S. F.	*Idem.*	4	4		Suivant les installations.	
				GROUPE CONVERTISSEUR.						
C. N.	C. N.			Coussinets ou douilles	Nombre.	5	5		1 de chaque type.	
C. N.	C. N.			Roulements et butées à billes	*Idem.*	6	6		1 de chaque type	
C. N.	C. N.			Porte-frotteurs	*Idem.*	7	7		1 ligne (1).	
C. N.	C. N.			Ressorts pour porte-frotteurs	*Idem.*	8	8		1 ligne (1).	
C. N.	C. N.			Boulons, vis ou prisonniers des pièces démontables	*Idem.*	9	9		1/10 du nombre en place.	
				POSTES DE T. S. F.						
				Les appareils composant les postes de T. S. F. font partie des installations de bord et leur valeur est à porter à la section D, article XV, page 18 de l'État de prix de revient du bâtiment (*Imprimé n° 2240 B de la nomenclature des documents.*)						
				ÉMISSION.						
C. N.	C. N.			Diodes de	Nombre.	10	10		2	
C. N.	C. N.			Triodes de	*Idem.*	11	11		2	
C. N.	C. N.			Condensateur de redressement mfd v, au mica	*Idem.*	12	12		1	
C. N.	C. N.			Condensateur de compoundage mfd v, au papier	*Idem.*	13	13		3	
C. N.	C. N.			Condensateur de circuit d'accord mfd v, au mica	*Idem.*	14	14		1	
C. N.	C. N.			Résistance de grille ohms	*Idem.*	15	15		1	
				RÉCEPTION.						
C. N.	C. N.			Batterie d'accumulateurs de v. AH	Nombre.	16	16	Suivant les besoins.	1 de chaque type.	
C. N.	C. N.			Casque complet	*Idem.*	17	17		1	
C. N.	C. N.			Tubes à vide	*Idem.*	18	18		6	
C. N.	C. N.			Jack mâle pour récepteur	*Idem.*	19	19		1	
C. N.	C. N.	67	350	Lampes de sécurité à filament droit pour T. S. F.	*Idem.*	20	20	Suivant les besoins.	2 fois la quantité en place.	
C. N.	C. N.			Fiche de prise de courant avec câble pour accumulateur	*Idem.*	21	21	1		

DIRECTIONS [illegible] : Les délivrances au 1er armement.	DIRECTIONS [illegible] : Les délivrances en remplacement, les 1res délivrances, les renouvellements et les réparations.	NUMÉROS D'ORDRE de la nomenclature. Par unité collective.	NUMÉROS D'ORDRE de la nomenclature. Par unité simple.	NOMENCLATURE DES OBJETS À FOURNIR.	ESPÈCES des unités.	REPÈRES.	REPÈRES.	BASES DES DÉLIVRANCES. [illegible]	BASES DES DÉLIVRANCES. [illegible]	OBSERVATIONS.
1	2	3	4	5	6	7	8	9	10	11
				§ II. **MATÉRIEL D'ARMEMENT ET SES RECHANGES.**						
				OUTILLAGE.						
C. N.	C. N.			Montre anti-magnétique en acier de 26 lignes	Nombre.	1	1	1		
C. N.	A. F.			Marteau emmanché	*Idem.*	2	2	1		
C. N.	A. F.			Clé anglaise	*Idem.*	3	3	1		
C. N.	A. F.			Pince plate	*Idem.*	4	4	1		
C. N.	A. F.			Pince coupante	*Idem.*	5	5	1		
C. N.	C. N.			Pince universelle	*Idem.*	6	6	1		
C. N.	A. F.			Tournevis	*Idem.*	7	7	2		
C. N.	A. F.			Boîte pour le transport des lampes tubes à vide	*Idem.*	8	8	1		
C. N.	A. F.			Densimètre	*Idem.*	9	9	1		
C. N.	A. F.			Éprouvette	*Idem.*	10	10	1		
C. N.	A. F.			Pipette	*Idem.*	11	11	1		

[illegible]		NUMÉROS D'ORDRE de la nomenclature.		NOMENCLATURE DES OBJETS À FOURNIR.	ESPÈCES des [illegible].	[illegible]	[illegible]	BASES DES DÉLIVRANCES.		OBSERVATIONS.
Les délivrances au 1er armement.	[illegible]	Par unité collective.	Par unité simple.					[illegible]	[illegible]	
1	2	3	4	5	6	7	8	9	10	11
				ANNEXE. APPAREIL WALSER. *Pour mémoire.* L'installation de l'appareil Walser étant actuellement à l'étude l'outillage et les rechanges nécessaires seront inscrits ultérieurement au Règlement d'Armement						

DIRECTIONS au compte à tenir où s'opèrent : Les délivrances en 1er armement.	Les délivrances en remplacement, les 1res délivrances, les renouvellements et les réparations.	NUMÉROS D'ORDRE de la nomenclature. Par unité collective.	Par unité simple.	NOMENCLATURE DES OBJETS À FOURNIR.	ESPÈCES des unités.	REPÈRES.	REPÈRES.	BASES DES DÉLIVRANCES. Armement.	Rechange.	OBSERVATIONS.
1	2	3	4	5	6	7	8	9	10	11
				APPAREIL U. S.						(a) La ligne comprend le nombre total de porte-frotteurs existant sur un moteur, divisé par le nombre de pôles. (b) Si ce mode de hissage est utilisé.
				MOTEUR D'ORIENTATION.						
C. N.	C. N.			Coussinets ou douilles	Nombre.	1	1		1 de chaque type.	
C. N.	C. N.			Induit complet avec arbre et collecteur	Idem.	2	2		1	
C. N.	C. N.			Roulements et butées à billes	Idem.	3	3		1 de chaque type.	
C. N.	C. N.			Porte-frotteurs	Idem.	4	4		1 ligne(a).	
C. N.	C. N.			Ressorts pour porte-frotteurs	Idem.	5	5		1 ligne(a).	
C. N.				Boulons, vis ou prisonniers des pièces démontables	Idem.	6	6		1/10 du nombre de place.	
C. N.	C. N.			Clés de démontage	Jeu.	7	7	1		
C. N.	C. N.			Extracteurs de roulements à billes	Idem.	8	8	1		
				MOTEUR DE HISSAGE (b).						
C. N.	C. N.			Coussinets ou douilles	Nombre.	9	9		1 de chaque type.	
C. N.	C. N.			Induit complet avec arbre et collecteur	Idem.	10	10		1	
C. N.	C. N.			Roulements et butées à billes	Idem.	11	11		1 de chaque type.	
C. N.	C. N.			Porte-frotteurs	Idem.	12	12		1 ligne(a).	
C. N.	C. N.			Ressorts pour porte-frotteurs	Idem.	13	13		1 ligne(a).	
C. N.	C. N.			Boulons, vis ou prisonniers des pièces démontables	Idem.	14	14		1/10 du nombre en place.	
C. N.	C. N.			Clés de démontage	Jeu.	15	15	1		
C. N.	C. N.			Extracteurs de roulements à billes	Idem.	16	16	1		
				PALAN DE HISSAGE (b).						
C. N.	C. N.			Cordage souple pour manœuvre courante aussières de m/m de circonférence pour palan de l'appareil U. S.	Mètre.	18	18		La quantité en place.	
C. N.	C. N.			Palans à huile sous-pression de l'appareil U. S. : tige butoir	Jeu.	19	19		1	
C. N.	C. N.			Palans à huile sous-pression de l'appareil U. S. : amortisseur de bout de course	Nombre.	20	20		1	
C. N.	C. N.			Palans à huile sous-pression de l'appareil U. S. : boulons, vis ou prisonniers	Idem.	21	21		1/20 du nombre en place.	
C. N.	C. N.			Palans à huile sous-pression de l'appareil U. S. : Garnitures en cuir : de piston	Idem.	22	22		La quantité en place.	
C. N.	C. N.			Palans à huile sous-pression de l'appareil U. S. : Garnitures en cuir : de tige de piston	Idem.	23	23		Idem.	
C. N.	C. N.			Palans à huile sous-pression de l'appareil U. S. : Roulements à billes	Idem.	24	24		1 de chaque type.	
C. N.	C. N.			Roulements à billes guides pour l'appareil U. S.	Idem.	25	25		Idem.	
C. N.	C. N.			Clés de démontage	Idem.	26	26	1		
C. N.	C. N.			Extracteurs de roulements à billes	Jeu.	27	27	1		

DIRECTIONS [illegible]		NUMÉROS D'ORDRE de la [illegible]		NOMENCLATURE DES OBJETS À FOURNIR.	ESPÈCES des [illegible]	REPÈRES.	REPÈRES.	BASES DES DÉLIVRANCES.		OBSERVATIONS.
Les délivrances [illegible] 1er armement.	Les délivrances [illegible] et de réparations.	Par unité collective.	Par unité simple.					[illegible]	[illegible]	
1	2	3	4	5	6	7	8	9	10	[illegible]

DIRECTIONS [illegible]		NUMÉROS D'ORDRE de la [illegible]		NOMENCLATURE DES OBJETS À FOURNIR.	ESPÈCES des unités.	DÉPENSES.	DÉPENSES.	BASES DES DÉLIVRANCES.		OBSERVATIONS.
Les délivrances au 1er armement.	Les délivrances en remplacement; [illegible] et les réparations.	Par feuille collective.	Par unité simple.					[illegible]	[illegible]	
1	2	3	4	5	6	7	8	9	10	11

TROISIÈME SERVICE

ARTILLERIE. — MOUSQUETERIE

DÉTENTEUR : MAITRE CANONNIER

DIRECTIONS ou services à tenir où s'opèrent : Les délivrances du 1er armement.	Les délivrances au remplacement; les 1res délivrances; les renouvellements et les réparations.	NUMÉROS D'ORDRE de la nomenclature. Par unité collective.	Par unité simple.	NOMENCLATURE DES OBJETS À FOURNIR.	ESPÈCES des unités.	REPÈRES.	REPÈRES.	BASES DES DÉLIVRANCES. Armement.	Entretien.
1	2	3	4	5	6	7	8	9	10
				ARTICLE VII.					
				MATÉRIEL RELATIF À LA PROPRETÉ ET À L'HYGIÈNE.					
				§ 1. **RECHANGES DU A. C. ET DU M. F.**					
				MATÉRIEL DU BARBIER (1)					
C. N.	A. F.	119	1	Blaireau de coiffeur	Nombre.	1	1	1 par 100 hommes ou fraction de 100 hommes.	
C. N.	A. F.	119	2	Bol à savon	Idem.	2	2	Idem.	
C. N.	A. F.	119	3	Coffre en bois à compartiments pour renfermer les outils	Idem.	3	3	1 par bâtiment.	
C. N.	A. F.	119	4	Ciseaux pour couper les cheveux	Idem.	4	4	1 par 100 hommes ou fraction de 100 hommes.	
C. N.	A. F.	119	5	Cuirs à rasoirs	Idem.	5	5	Idem.	
C. N.	A. F.	119	6	Pierre à huile ou à rasoirs	Idem.	6	6	1 par bâtiment.	
C. N.	A. F.	119	7	Rasoirs avec boîtes { Rasoirs	Idem.	7	7	2 par 100 hommes ou fraction de 100 hommes.	
C. N.	A. F.	119	8	Rasoirs avec boîtes { Boîte à rasoirs	Idem.	8	8	Le nombre nécessaire pour contenir les rasoirs.	
C. N.	A. F.	119	9	Tondeuse	Idem.	9	9	1 par 100 hommes ou fraction de 100 hommes.	
					Idem.	10	10		
					Idem.	11	11		
				DIVERS.					
C. N.	A. F.	110	26	Cuvettes métalliques individuelles pour le lavage corporel	Nombre.	12	12	1 par homme (2).	1/10 du nombre total.
C. N.	A. F.	110		Broc en tôle zinguée de 2 litres	Idem.	13	13	1 par 20 hommes.	1/10 du nombre total.
C. N.	A. F.	128	307	Pièges à rats	Idem.	14	14	4	

OBSERVATIONS.

(1) Ce matériel n'est délivré qu'aux sous-marins de grande croisière, à partir de ceux de la classe « Requin » inclusivement.

(2) Officiers-mariniers non compris.

Directions ou services à terre qui s'opèrent : Les délivrances au 1er armement.	Les délivrances au réarmement; les 1res délivrances, les renouvellements et les réparations.	Numéros d'ordre de la nomenclature. Par unité collective.	Par unité simple.	Nomenclature des objets à fournir.	Espèces des unités.	Repères.	Repères.	Bases des délivrances. Campagne.	Réserve.	Observations.
1	2	3	4	5	6	7	8	9	10	11
				Article XVIII.						(1) Un au Commandant. Un à l'officier canonnier. Un à l'officier torpilleur. Un à l'officier fusilier. Un à l'officier de manœuvre. Un à l'officier armurier ou faisant fonctions. (Circulaire n° 2534 Art. 1 du 23 mars 1928). (2) D'après le calibre, le modèle et le genre de tir.
				MATÉRIEL SPÉCIAL A LA NAVIGATION MIS A LA DISPOSITION DES SERVICES DU BORD.						
				§ I. — **RECHANGES DES INSTALLATIONS.**						
				§ II. — **MATÉRIEL D'ARMEMENT ET SES RECHANGES.**						
				OBJETS DIVERS.						
C. N.	C. N.	100	120	Carton formant reliure mobile pour la conservation des feuilles d'armement	Nombre	1	1	1		
A. R.	A. R.			Appareils A. R. S. de protection contre les gaz de combat	*Idem.*	2	2	1° Appareils A.R.S. d'instruction, 40 % de l'effectif total. 2° Appareils A.R.S. de guerre, 1 par homme de l'effectif de guerre plus 5 %.		
				DOCUMENTS.						
A. R.	A. R.			Règlement sur l'entretien, la visite et la conservation du matériel d'artillerie, des mitrailleuses et des armes portatives	Nombre	3	3	(A).		
A. R.	A. R.			Tables de tir pour canons	Jeu.	4	4	2 (B).		
A. R.	A. R.			Règlement sur les mécanismes de culasse munis de la mise de feu par transmetteur		5	5	1		
A. R.	A. R.			Journal historique « Artillerie »	*Idem.*	6	6	1		
A. R.	A. R.			Instruction sur le démontage, le remontage, l'entretien et le fonctionnement des affûts de bord (pour le modèle embarqué)	Nombre.	7	7	1		
A. R.	A. R.			Instruction pour les unités de mitrailleuses d'infanterie	*Idem.*	8	8	1		
A. R.	A. R.			Instruction sur la conservation et la visite des munitions et artifices en usage dans la marine	*Idem.*	9	9	1		
A. R.	A. R.			Livret M[le] B des munitions et des soutes	*Idem.*	10	10	1		
A. R.	A. R.			Instruction sur le fusil mitrailleur	*Idem.*	11	11	1		
A. R.	A. R.			Instruction provisoire du 20 octobre 1923 sur la protection contre les gaz de combat (annexe 7 à l'Instruction provisoire sur l'emploi tactique des grandes unités)	*Idem.*	12	12	2		
Ip.	Ip.			Règlement de manœuvre Infanterie	*Idem.*	13	13	1		
A. R.	A. R.			Instruction sur l'entretien et la visite en temps de paix du matériel de protection contre les gaz de combat (18 juin 1925)	*Idem.*	14	14	2		
A. R.	A. R.			Règlement concernant les gaz de combat (8 novembre 1918)	*Idem.*	15	15	2		
A. R.	A. R.			Instruction technique sommaire du 31 décembre 1924 sur la protection contre les gaz de combat (à l'usage des caporaux et brigadiers)	*Idem.*	16	16	2		
A. R.	A. R.			Instruction provisoire sur la défense contre les gaz de combat à bord des bâtiments de la marine nationale (3 juin 1926)	*Idem.*	17	17	2		
A. R.	A. R.			Notice concernant l'enveloppe protectrice en drap de l'appareil A.R.S. (pour le matériel d'instruction)	*Idem.*	18	18			

DIRECTIONS ou magasins à verser ou s'adresser : Les délivrances ou 1res armements.	Les délivrances en remplacement; les 1res délivrances, les remplacements et les réparations.	NUMÉROS D'ORDRE de la nomenclature. Par unité collective.	Par unité simple.	NOMENCLATURE DES OBJETS À FOURNIR.	ESPÈCES des unités.	REPÈRES.	REPÈRES.	BASES DES DÉLIVRANCES. Armement.	Rechanges.	OBSERVATIONS.
1	2	3	4		6	7	8	9	10	11
				Article LXI.						(A) Aux sous-marins armés de canons de 100 millimètres et au-dessus.
				MATÉRIEL RELATIF À L'ARTILLERIE.						(B) 1 servant de rechange. D. M. du 15 janvier 1927 n° 436, Art. 1.
				§ I. — **RECHANGES DES INSTALLATIONS.**						
				§ II. — **MATÉRIEL D'ARMEMENT ET SES RECHANGES.**						
C. N.	A. F.	57	5501	Cadenas entièrement en cuivre laiton, circulaire, clef en fer forgé : Moyen	Nombre.	1	1	Le nombre nécessaire.		
C. N.	A. F.	57	5502	Cadenas entièrement en cuivre laiton, circulaire, clef en fer forgé : Petit	*Idem.*	2	2	*Idem.*		
				INSTRUMENTS ET OBJETS DE BATTERIE.						
A. R.	A. R.	90	6070	Casque à support à courroie pour télémètre de 0 m. 80	Nombre.	3	3	1		
A. R.	A. R.	105	518	Compteur chronographe à secondes avec arrêt, marche et retour à 0 des aiguilles, boîte nickelée et écrin	*Idem.*	4	4	3 (A) (B)		
C. N.	C. N.	92	4100	Jumelles de Galilée	*Idem.*	5	5	2		
C. N.	C. N.	92	4116	Jumelle de direction de tir micrométrée 8 X	*Idem.*	6	6	1		
A. R.	A. R.	92		Télémètre portatif de 0 m. 80	*Idem.*	7	7	1		
A. R.	A. R.	92		Télémètre portatif genre Zeiss, duplication d'images	*Idem.*	8	8	1		
C. N.	A. R.	106	2082	Thermomètre maxima et minima Six et Bellani	*Idem.*	9	9	1 par soute à poudre ou à cartouches.		
A. R.	A. R.	92		Support pour télémètre portatif, genre Zeiss	*Idem.*	10	10	1		
A. R.	A. R.			Plateau calculateur pour conduite de tir des canons	*Idem.*	11	11	1 (A).		
A. R.	A. R.			Cadran de hausse pour la conduite du tir	*Idem.*	12	12	1 (A).		
A. R.	A. R.			Cadran de dérive pour la conduite du tir	*Idem.*	13	13	1 (A).		

DIRECTIONS OU SERVICES À TERRE où s'opèrent : Les délivrances en 1er armement.	Les délivrances en remplacement : les 1res délivrances ; les renouvellements et les réparations.	NUMÉROS D'ORDRE de la NOMENCLATURE. Par unité collective.	Par unité simple.	NOMENCLATURE DES OBJETS À FOURNIR.	ESPÈCES des unités.	REPÈRES.	REPÈRES.	BASES DES DÉLIVRANCES. ARMEMENT.	RECHANGE.	OBSERVATIONS.
1	2	3	4	5	6	7	8	9	10	11
				ARMES PORTATIVES, ÉQUIPEMENT ET OBJETS QUI EN DÉPENDENT.						
				ARMES PORTATIVES.						
A. R.	A. R.			Mousqueton modèle 1892 M. 16	Nombre.	1	1	(A).		
A. R.	A. R.			Sabre-baïonnette avec fourreau	*Idem.*	2	2	1 par mousqueton.		
A. R.	A. R.			Revolvers modèle 1892	*Idem.*	3	3	(B).		
A. R.	A. R.			Mitrailleuse	*Idem.*	4	4	1		
A. R.	A. R.			Fusils mitrailleurs	*Idem.*	5	5	2		
				MUNITIONS POUR ARMES PORTATIVES.						
A. R.	A. R.			Cartouches pour mousqueton	Nombre.	6	6	Les quantités seront fixées par décision ministérielle spéciale pour chaque type de bâtiment.		
A. R.	A. R.			Cartouches pour revolvers	*Idem.*	7	7			
A. R.	A. R.			Cartouches pour mitrailleuse	*Idem.*	8	8			
A. R.	A. R.			Cartouches pour fusils mitrailleurs	*Idem.*	9	9			
				ÉQUIPEMENT POUR ARMES PORTATIVES.						
C. N.	A. F.	111	10	Bretelles complètes en cuir pour mousqueton	*Idem.*	10	10	1 par mousqueton.	5 % de l'armement.	
C. N.	A. F.	111	11	Bretelles de suspension de cartouchières	*Idem.*	11	11	*Idem.*	*Idem.*	
C. N.	A. F.	111	34	Cartouchières en cuir pour mousqueton	*Idem.*	12	12	3 par mousqueton.	3 % de l'armement.	
C. N.	A. F.	111	35	Cartouchières pour revolver	*Idem.*	13	13	1 par revolver.	5 % de l'armement.	
C. N.	A. F.	111	32	Ceinturons en cuir pour troupes à pied de toutes armes	*Idem.*	14	14	1 par mousqueton ou revolver.	3 % de l'armement.	
C. N.	A. F.	111	41	Ligne de retenue pour revolvers	*Idem.*	15	15	1 m. 50 par revolver.		
C. N.	A. F.	111	62	Porte-sabre baïonnette en cuir, Modèle 1886	*Idem.*	16	16	1 par mousqueton.	10 % de l'armement.	
C. N.	A. F.	111	61	Porte-revolver en cuir	*Idem.*	17	17	1 par revolver.		
A. R.	A. R.			Équipement de fusils mitrailleurs	*Idem.*	18	18	2 (C).		
				ACCESSOIRES ET OBJETS POUR ARMES PORTATIVES.						
A. R.	A. R.	γ 131	1	Boîte en fer blanc à 2 compartiments	Nombre.	19	19	1 par mousqueton.		
A. R.	A. R.		7	Brosses à armes	*Idem.*	20	20	*Idem.*		
A. R.	A. R.	γ 26[illegible]	6	Chargeurs d'exercice à 5 cartouches pour mousquetons M. 92 M. 16	*Idem.*	21	21	2 par mousqueton.		
A. R.	A. R.		5	Nécessaires d'armes Mle 1874	*Idem.*	22	22	1 pour 2 mousquetons.		
A. R.	A. R.	32	55	Pièces grasses en drap vieux	*Idem.*	23	23	*Idem.*		
A. R.	A. R.	c 6	105	Cadenas demi-circulaire à gorge nickelée	*Idem.*	24	24	Suivant les installations.		
A. R.	A. R.		135	Chaînette garnie en acier pour le verrouillage des revolvers	*Idem.*	25	25	*Idem.*		
C. N.	A. F.			Rideaux en toile	*Idem.*	26	26	*Idem.*		
A. R.	A. R.			Jeux d'accessoires et de rechanges pour mitrailleuse	*Idem.*	27	27	1 (C).		
A. R.	A. R.			Jeux d'accessoires complets pour revolver, Modèle 1892	*Idem.*	28	28	1 pour 2 revolvers.		
A. R.	A. R.			Jeux d'accessoires et de rechange pour fusils mitrailleurs	*Idem.*	29	29	2 (C)		

(A) 10 aux sous-marins de 1re classe; 5 aux sous-marins de 2e classe.

(B) 5 aux sous-marins de 1re classe; 4 aux sous-marins de 2e classe.

(C) Comprenant le matériel alloué par Décision ministérielle spéciale.

DIRECTIONS ou services à terre où s'opèrent :		NUMÉROS D'ORDRE de la nomenclature.		NOMENCLATURE DES OBJETS À FOURNIR.	ESPÈCES des unités.	REPÈRES.	REPÈRES.	BASES DES DÉLIVRANCES.		OBSERVATIONS.
Les délivrances du 1er armement.	Les délivrances en remplacement ; les 2es délivrances, les renouvellements et les réparations.	Par unité collective.	Par unité simple.					ARMEMENT.	RECHANGES.	
1	2	3	4	5	6	7	8	9	10	11

DIRECTIONS [illegible]		NUMÉROS D'ORDRE de la nomenclature.		NOMENCLATURE DES OBJETS À FOURNIR.	ESPÈCES des unités.	[illegible]		[illegible]	BASES DES DÉLIVRANCES.		OBSERVATIONS.
Les [illegible] au 1er [illegible].	Les [illegible] les [illegible] et les [illegible].	Par unité collective.	Par unité simple.						[illegible]	[illegible]	
1	2	3	4	5	6	7		8	9	10	11

QUATRIÈME SERVICE

ARMES SOUS-MARINES

DÉTENTEUR : MAITRE TORPILLEUR

DIRECTIONS [illegible]		NUMÉROS D'ORDRE de la nomenclature.		NOMENCLATURE DES OBJETS À POURVOIR.	ESPÈCES des unités.	REPÈRES.	REPÈRES.	BASES DES DÉLIVRANCES.		OBSERVATIONS.
Les délivrances au 1er armement.	Les délivrances en remplacement des 1res délivrances, les renouvellements et les réparations.	Par unité collective.	Par unité simple.					[illegible]	[illegible]	
1	2	3	4	5	6	7	8	9	10	11
				Article XVI.						
				MATÉRIEL D'ARMEMENT RELATIF AUX FERMETURES.						
C. N.	A. F.			Cadenas en cuivre laiton circulaire, clef en fer forgé petite..........	Nombre.	1				

Directions [illegible] : Les délivrances au 1er armement.	Les délivrances en remplacement; les 1res délivrances [illegible] et les réparations.	Numéros d'ordre de la nomenclature : Par unité collective.	Par unité simple.	Nomenclature des objets à fournir.	Espèces des unités.	Repères.	Repères.	Bases des délivrances : Armement.	Rechanges.	Observations.
1	2	3	4	5	6	7	8	9	10	11
				Article XVIII.						
				MATÉRIEL SPÉCIAL A LA NAVIGATION MIS A LA DISPOSITION DES SERVICES DU BORD.						
				§ I. **RECHANGES DES INSTALLATIONS.**						
				§ II. **MATÉRIEL D'ARMEMENT ET SES RECHANGES.**						
				OUTILLAGE D'EMPLOI GÉNÉRAL.						
C. N.	A. F.	101	2207	Bec à corbin ou pince très fine de 16 centimètres, plate	Nombre.	1	1	1		
C. N.	A. F.	101	202	Burins à métaux { langue bec d'âne, moyens de [illegible] millimètres	Idem.	2	2	2		
				Burins à métaux { langue ciseau, moyens de [illegible] millimètres	Idem.	3	3	2		
C. N.	A. F.	101	3538	Clé à molette n° 8 (60 millimètres d'ouverture)	Idem.	4	4	2		
C. N.	A. F.	101	3532	Clé à molette n° 2 (25 millimètres d'ouverture)	Idem.	5	5	1		
C. N.	A. F.	101	2316	Étau à main, moyen de 16 centimètres de longueur	Idem.	6	6	1		
C. N.	A. F.	65	2010	Fer à souder électrique avec fiche et 5 mètres de fil	Idem.	7	7	1		
C. N.	A. F.	101	5250 à 5277	Limes en acier fondu demi-douces de 25 centimètres	Idem.	8	8	8		
C. N.	A. F.	101	4020 à 4026	Manches en bois pour limes avec virole	Idem.	9	9	8		
C. N.	A. F.	101	1010 à 1018	Forets hélicoïdaux à emmanchement conique, cône Morse, acier fondu de 1, 1,5, 2, 2,5, 3, 3,5, 4, 5, 6, 7, et 8 millimètres	Idem.	10	10	2 de chacun des diamètres de 1 m/m à 3 m/m 5. 1 de chacun des autres diamètres.		
C. N.	A. F.	101		Tête de cheval pour maintenir les vis quand on les taraude	Idem.	11	11	1		
C. N.	A. F.	101	4100	Vilebrequin à engrenages à mandrin universel	Idem.	12	12	1		
C. N.	A. F.	101	680	Marteaux dits rivoirs { de 0 kilogr. 400	Idem.	13	13	1		
C. N.	A. F.	101	682	Marteaux dits rivoirs { de 0 kilogr. 900	Idem.	14	14	1		
C. N.	A. F.	101	202	Scie à métaux ordinaires { monture	Idem.	15	15	1		
C. N.	A. F.	101	251	Scie à métaux ordinaires { lames, en acier cémenté genre Griffin	Idem.	16	16	6		
C. N.	A. F.	101	234	Étau à mors parallèles de 100 millimètres de largeur de mors	Idem.	17	17	1		
				.....		18	18			
				.....		19	19			
				.....		20	20			
				.....		21	21			
				...		22	22			
				...		23	23			
				.....		24	24			
				OBJETS DIVERS.						
C. N.	C. N.	109	120	Carton formant reliure mobile pour la conservation des feuilles d'armement	Nombre.	25	25	1		

DIRECTIONS ou services [illegible] : Les délivrances au 1er armement.	Les délivrances au réarmement ; les 1res délivrances ; les renouvellements et les réparations.	NUMÉROS D'ORDRE de la nomenclature. Par unité collective.	Par unité simple.	NOMENCLATURE DES OBJETS À FOURNIR.	ESPÈCES des unités.	REPÈRES.	REPÈRES.	BASES DES DÉLIVRANCES. ARMEMENT.	RECHANGE.	OBSERVATIONS.
1	2	3	4	5	6	7	8	9	10	11
				Article XLI.						
				MATÉRIEL RELATIF AUX TORPILLES.						
				§ 1. — **RECHANGES DES INSTALLATIONS.**						
				TUBES DE LANCEMENT.						
				Tubes fixes.						
C. N.	C. N.			Clapet de décharge de la soupape de lancement	Nombre.	1	1		5	
C. N.	C. N.			Clapet de décharge d'air soupape différentielle de mise de feu	Idem.	2	2		4	
				Ressorts pour tube lance-torpilles étanches, fixes, de 450 millimètres :						
C. N.	C. N.			Rondelles Belleville pour portes de culasse	Idem.	3	3		1 par tube.	
C. N.	C. N.			Du linguet d'arrêt pour portes de culasses	Idem.	4	4		1	
C. N.	C. N.			De la fermeture de la soupape de lancement	Idem.	5	5		1	
C. N.	C. N.			Du clapet de retenue	Idem.	6	6		1	
C. N.	C. N.			De rappel du piston de manœuvre du levier de prise d'air	Idem.	7	7		1	
C. N.	C. N.			De clapet de la soupape de sûreté tarée à 10 kilogrammes sur le tube	Idem.	8	8		1	
C. N.	C. N.			De rappel du piston de manœuvre du doigt d'arrêt de la soupape de lancement	Idem.	9	9		1	
C. N.	C. N.			De rappel de clapet de la soupape différentielle de mise de feu	Idem.	10	10		1	
C. N.	C. N.			De rappel du levier de l'électro pour mise de feu électrique	Idem.	11	11		1 par tube.	
C. N.	C. N.			Du rappel du levier de sécurité pour mise de feu électrique	Idem.	12	12		1 par tube.	
C. N.	C. N.			De rappel de la transmission pour levier de l'engrenage de l'appareil d'orientation du gyroscope	Idem.	13	13		1	
C. N.	C. N.			Divers, non mentionnés ci-dessus	Idem.	14	14		1 de chaque type.	
C. N.	C. N.			De la porte de culasse	Idem.	15	15		1 pour 2 tubes.	
				Garnitures en cuir pour tubes lance-torpilles étanches, fixes de 450 millimètres :						
C. N.	C. N.			Pour piston de manœuvre du levier de prise d'air	Idem.	16	16		2	
C. N.	C. N.			Pour piston de manœuvre du doigt d'arrêt de la soupape de lancement	Idem.	17	17		4	
C. N.	C. N.			Pour piston de cylindre à air de la manœuvre porte AV	Idem.	18	18		4	
C. N.	C. N.			Pour piston de cylindre à glycérine de la manœuvre porte AV	Idem.	19	19		4	
C. N.	C. N.			Pour piston de manœuvre de l'anneau fileté porte AV	Idem.	20	20		4	
C. N.	C. N.			Diverses, non mentionnées ci-dessus	Idem.	21	21		1/2 de la quantité en place.	
C. N.	C. N.			Caoutchouc formant butée de la soupape de lancement	Idem.	22	22		2	
C. N.	C. N.			Rondelle en caoutchouc pour butoir de la soupape différentielle	Idem.	23	23		2	
C. N.	C. N.			Joints en caoutchouc pour porte AV	Idem.	24	24		1 par tube.	
				Rondelles en fibrine de la soupape différentielle de mise de feu :						
C. N.	C. N.			Pour joint bouchon côté clapet	Idem.	25	25		2	
C. N.	C. N.			Pour bouchon de la soupape de conservation	Idem.	26	26		2	
C. N.	C. N.			Pour guide de la tige de manœuvre de la soupape de conservation	Idem.	27	27		1/2 de la quantité en place.	
C. N.	C. N.			Soupape différentielle de mise de feu	Idem.	28	28		1 par bâtiment.	
C. N.	C. N.			Bobine d'électro-aimant pour mise de feu électrique	Idem.	29	29		1	
				Clapets complets à émerillon pour soupapes d'air de :						
C. N.	C. N.			Bouteille de manœuvre T. F.	Idem.	30	30		1	
C. N.	C. N.			Bouteille de purge T. F.	Idem.	31	31		1	
C. N.	C. N.			Bracelets en caoutchouc pour piston de lancement des T. F.	Idem.	32	32		1	

DIRECTIONS [illegible] où s'opèrent : Les délivrances de 1er armement.	Les délivrances en complément; les 1res délivrances; les renouvellements et les réparations.	NUMÉROS D'ORDRE de la nomenclature. Par unité collective.	Par unité simple.	NOMENCLATURE DES OBJETS À FOURNIR.	ESPÈCES des unités.	REPÈRES.	REPÈRES.	BASES DES DÉLIVRANCES. [illegible]	[illegible]	OBSERVATIONS.
1	2	3	4	5	6	7	8	9	10	11
				TUBES ORIENTABLES (a).						(a) Pour les bâtiments qui possèdent des tubes orientables de modèles différents les rechanges seront alloués pour chaque type de types.
C. N.	C. N.			Ressorts pour tubes lance-torpilles orientables : Du linguet d'arrêt de la porte de culasse	Nombre.	1	1		2 de chaque type.	(b) Si le type de soupape est différent de celui existant sur le tuyautage d'air comprimé (matériel Machines).
C. N.	C. N.			Du clapet de la soupape de sûreté tarée à	Idem.	2	2		Idem.	
C. N.	C. N.			Du rappel du secteur de manœuvre du clapet de décharge de la soupape de mise de feu	Idem.	3	3		Idem.	
C. N.	C. N.			De piston du rabattement du levier de prise d'air.	Idem.	4	4		Idem.	
C. N.	C. N.			Soupape pour chargement des bouteilles de manœuvre et de lancement	Idem.	5	5		1 (b).	
C. N.	C. N.			Rondelles en caoutchouc pour tubes orientables : Garniture de la porte de culasse	Nombre.	6	6		1 par tube.	
C. N.	C. N.			Pour butoir de la soupape différentielle de mise de feu	Idem.	7	7		2	
C. N.	C. N.			Pour joint porte AV.	Idem.	8	8		1 par tube.	
C. N.	C. N.			Garnitures en cuir pour tubes orientables : Pour piston du cylindre à air de la manœuvre porte AV.	Idem.	9	9		2	
C. N.	C. N.			Pour piston du cylindre à glycérine de la manœuvre porte AV.	Idem.	10	10		2	
C. N.	C. N.			Pour piston du cylindre de manœuvre de l'anneau porte AV.	Idem.	11	11		2	
C. N.	C. N.			Joint en cuir pour étanchéité de la fermeture du sas de la soupape de conservation, tubes lance-torpilles orientables	Idem.	12	12		2	
C. N.	C. N.			Clapet de décharge d'air de la soupape différentielle de mise de feu pour tubes orientables	Idem.	13	13		3	
C. N.	C. N.			[illegible] d'électro-aimant pour mise de feu électrique	Idem.	14	14		1	
C. N.	C. N.			Résistance pour chaufferette électrique	Idem.	15	15		1	
C. N.	C. N.			Clapets complets à émerillon pour soupapes d'air de : Bouteille de manœuvre	Idem.	16	16		1	
C. N.	C. N.			Bouteille de purge	Idem.	17	17		1	
C. N.	C. N.			Bracelets en caoutchouc pour piston de lancement des T. O.	Idem.	18	18		1	
C. N.	C. N.			Soupape différentielle de mise de feu	Idem.	19	19		1 par tube orientable.	
C. N.	C. N.			Clef à rochet de démontage des soupapes de lancement	Idem.	20	20		2	

DIRECTIONS du service à terre qui s'opèrent :		NUMÉROS D'ORDRE de la nomenclature.		NOMENCLATURE DES OBJETS À FOURNIR.	ESPÈCES des unités.	REPÈRES.	REPÈRES.	BASES DES DÉLIVRANCES.		OBSERVATIONS.
Les délivrances du 1er armement.	Les délivrances en remplacement; les 2es délivrances; les remplacements et les réparations.	Par unité collective.	Par unité complète.					Normales.	Spéciales.	
1	2	3	4	5	6	7	8	9	10	11
				§ 1. — **MATÉRIEL D'ARMEMENT ET SES RECHANGES.**						
				OBJETS DIVERS.						
C. N.	C. N.			Clés de manœuvre pour bouchons carrés des tubes lance-torpilles orientables	Nombre.	1	1	1 par poste à tubes.		
C. N.	C. N.			Clés de manœuvre pour bouchons carrés des tubes lance-torpilles fixes	*Idem.*	2	2	1 par poste à tubes.		
C. N.	C. N.			Réducteurs de calibre pour torpilles de 450 millimètres	*Idem.*	3	3	3 par bâtiment.		
C. N.	C. N.			Tronçon pour réducteur de calibre	*Idem.*	4	4	Suivant les installations et permutations envisagées.		
C. N.	C. N.			Pompe Técalémit ou similaire sans flexible	*Idem.*	5	5	1 par groupe de tubes fixes.		
C. N.	C. N.			Tuyau flexible pour pompe Técalémit	*Idem.*	6	6	*Idem.*	1	
C. N.	C. N.			Agrafe pour pompe Técalémit	*Idem.*	7	7		1	
C. N.	C. N.			Cuir pour agrafe de pompe Técalémit	*Idem.*	8	8		2 par pompe.	

Délivrances au service à terre ou à bord : Les délivrances de 1er armement.	Les délivrances en remplacement des 1res délivrances, les renouvellements et les réparations.	Numéros d'ordre de la nomenclature. Par unité collective.	Par unité simple.	Nomenclature des objets à fournir.	Repères des vues.	Repères.	Repères.	Bases des délivrances. [illegible]	[illegible]	Observations.
1	2	3	4	5	6	7	8	9	10	11
				Torpilles de combat.						
				Torpilles automobiles de 550 m/m Mle 1919 V.				Nombre à fixer par décision ministérielle spéciale.		
				Torpilles automobiles de 550 m/m Mle 1923 DT.						
				Torpilles automobiles de 550 m/m Mle 1924 V.						
				Torpilles automobiles de 400 m/m.						
				La liste indiquant les bases de délivrance du matériel d'armement et de rechange pour les divers modèles de torpilles de 550 et de 400 est celle de l'annexe III à la C 4093 CN a du 30 octobre 1930.						

Directions du service à terre chargées d'opérer : Les délivrances au 1er armement.	Les délivrances en remplacement, les 1res délivrances, les renouvellements et les réparations.	Numéros d'ordre de la nomenclature. Par unité collective.	Par unité simple.	Nomenclature des objets à fournir.	Espèces des unités.	Repères.	Repères.	Bases des délivrances. Armement.	Rechange.	Observations.
1	2	3	4	5	6	7	8	9	10	11
				TORPILLES D'EXERCICE (1).						(1) La Circulaire n° 4555 C. N. 2 du 30 octobre 1930 fixe les allocations en torpilles d'exercice. La liste indiquant les bases de délivrances du matériel d'armement et de rechange pour les torpilles de 550 m/m est fixé par la Circulaire susvisée.
				MATÉRIEL D'ARMEMENT ET DE RECHANGE POUR LES BÂTIMENTS RECEVANT DES TORPILLES D'EXERCICE DE 450 m/m.						
C. N.	C. N.	980	T. G. 108	Torpilles automobiles modèle 1911 V, de 450 millimètres pour exercice.	Nombre.	1	1	2		
			T. G. 102	Torpilles modèle 1906	*Idem.*	2	2	1		
C. N.	C. N.	180	P. G. 104	Boîtes à outils de démontage	*Idem.*	3	3	1		
C. N.	C. N.	180	P. G. 110	Boîtes à outils pour gyroscope à air modèle 1909	*Idem.*	4	4	1.		
C. N.	C. N.	180	P. G. 103	Boîtes à outils de manœuvre	*Idem.*	5	5	1		
C. N.	C. N.	180	Q. G. 111	Brassards en toile pour la conservation des torpilles	*Idem.*	6	6	1 par torpille.		
C. N.	C. N.	180	Q. G. 112	Capots en toile pour la queue des torpilles	*Idem.*	7	7	1 par torpille.		
C. N.	C. N.	181	P. 168	Clé à T à encoches	*Idem.*	8	8	1 par torpille.		
C. N.	C. N.			Cône de choc		9	9	1 par torpille.		
C. N.	C. N.	180	Q. G. 095	Cônes d'exercice légers à 115 kilogrammes	*Idem.*	10	10	1 par torpille.		
A. N.	A. N.	180	A. G. 310	Cône de combat		11	11	1 par torpille.		
C. N.	C. N.	181	D. 13	Lanières en caoutchouc pour joint de la porte du gyroscope	*Idem.*	12	12		5 par torpille.	
C. N.	C. N.	180	Q. G. 113	Étriers de remorquage	*Idem.*	13	13	1 par torpille.		
C. N.	C. N.	180	Q. G. 250	Bouchon avec tubulure d'arrivée d'air pour essai d'étanchéité des chocs modèle 1908 et suivants	*Idem.*	14	14	1		
C. N.	C. N.	180	A. G. 320	Cônes de choc modèle 1917, pour torpilles de 450 millimètres, 180 kilogrammes	*Idem.*	15	15	1 par torpille.		
C. N.	C. N.	180	N. G. 100	Gyroscope modèle 1911	*Idem.*	16	16	1 par torpille.		
C. N.	C. N.	181	P. 50	Joug pour entraver les hélices	*Idem.*	17	17	1 par torpille.		
C. N.	C. N.	181	P. 189	Tuyaux se vissant sur la soupape différentielle et sur la tubulure de chargement, pour essais du mécanisme	*Idem.*	18	18	1		
C. N.	C. N.	180	Q. G. 113	Ventrières en sangles en brin goudronné	*Idem.*	19	19	2	1	
C. N.	C. N.	181	G. 20	Cuirs emboutis pour modèle 1908 à 1918 de tige et contre-tige de piston du servo-moteur	Nombre.	20	20		2 par torpille.	
				Clé pour tourner la torpille		21	21	1 par bâtiment.		
			A. G. 152	Appareil percutant		22	22	1 par torpille.		
			A. 158	Goupille en cuivre rouge, pour appareil percutant		23	23	1 par torpille.		
			A. G. 201	Boîte d'amorce		24	24	1 par torpille.		
C. N.	C. N.	181	Q. 27	Écrous de fixation de la porte de visite du choc d'exercice, de la porte de visite des compartiments des régulateurs, de la rondelle de tenue du diaphragme	*Idem.*	25	25		10 par torpille.	
C. N.	C. N.	181	B. 5	Raccord sur bouchon conique du réservoir d'air et de la soupape différentielle au régulateur	*Idem.*	26	26		1	
C. N.	C. N.	181	H. 66	Raccord pour tuyau allant de la soupape différentielle au gyroscope	*Idem.*	27	27		1	
C. N.	C. N.	181	G. 27	Raccord pour tuyautage du servo-moteur à la machine	*Idem.*	28	28		1	
C. N.	C. N.	181	P. 279	Entonnoir spécial pour faire le plein du réservoir d'huile H. P.	*Idem.*	29	29	1		

DIRECTIONS [illegible] où s'opèrent : Les délivrances au 1er armement.	DIRECTIONS [illegible] où s'opèrent : Les délivrances en réarmement ; les 1res délivrances ; les renouvellements et les réparations.	NUMÉROS D'ORDRE de la nomenclature. Par unité collective.	NUMÉROS D'ORDRE de la nomenclature. Par unité simple.	NOMENCLATURE DES OBJETS À FOURNIR.		ESPÈCES des unités.	REPÈRES.	REPÈRES.	BASES DES DÉLIVRANCES. Armement.	BASES DES DÉLIVRANCES. Rechange.	OBSERVATIONS.
1	2	3	4	5		6	7	8	9	10	11
				TORPILLES D'EXERCICE. (Suite.)							
C. N.	C. N.	181	I. 132	Ressorts…	du régulateur de pression	Idem.	1	1		1	
C. N.	C. N.	181	L. 76		des détendeurs (gyroscope et servo-moteur)	Idem.	2	2		1	
C. N.	C. N.	181	F. 31		antagoniste du piston hydrostatique	Idem.	3	3		1	
C. N.	C. N.	181	H. 43		papplique du bouchon du compteur des distances	Idem.	4	4		1	
C. N.	C. N.	181	G. 38		de la couronne à encoches de l'appareil d'immobilisation	Idem.	5	5		1	
C. N.	C. N.	181	H. 20		de la soupape différentielle	Idem.	6	6		1	
C. N.	C. N.	181	H. 57		du secteur denté d'immobilisation	Idem.	7	7		1	
C. N.	C. N.	181	H. 42		de manœuvre du plateau à friction	Idem.	8	8		1	
C. N.	C. N.	181	F. 55		de la bielle à expansion	Idem.	9	9		1	
C. N.	C. N.	181	F. 73		de la soupape de chargement	Idem.	10	10		1	
C. N.	C. N.	181	L. 40		de la tige de rappel du mécanisme de la palette d'arrêt	Idem.	11	11		1	
C. N.	C. N.	181	F. 32		du frein d'écrou (régulateur d'immersion)	Idem.	12	12		1	
C. N.	C. N.	181	N. 66		du levier de déclenchement de l'arbre de la turbine	Idem.	13	13		1	
C. N.	C. N.	181	G. 34		du manchon à saccs de l'appareil d'immobilisation	Idem.	14	14		1	
C. N.	C. N.	181	G. 19		de la roue à étoile servo-moteur	Idem.	15	15		1	
C. N.	C. N.	181	F. 41		de rappel de la tringle du gouvernail horizontal	Idem.	16	16		1	
C. N.	C. N.	381	D. 39		de rappel du loquet de levier de prise d'air	Idem.	17	17		1	
C. N.	C. N.	181	H. 31		de la palette d'arrêt, soupape différentielle	Idem.	18	18		1	
C. N.	C. N.	181	H. 64		de la soupape d'étanchéité du gyroscope	Idem.	19	19		1	
C. N.	C. N.	181	I. 81		d'immobilisation du percuteur	Idem.	20	20		1	
C. N.	C. N.	181	Q. 28	Rondelles en caoutchouc	de la porte de visite du cône d'exercice	Idem.	21	21		3 par torpille.	
C. N.	C. N.	181	C. 49		porte C. 48 de visite du compartiment des régulateurs	Idem.	22	22		3 par torpille.	
C. N.	C. N.	181	F. 35		de la boîte support des régulateurs d'immersion	Idem.	23	23		3 par torpille.	
C. N.	C. N.	181	P. 46		pour joint de la boîte étanche	Idem.	24	24		3 par torpille.	
C. N.	C. N.	181	I. 10	Joint de la chaudière		Idem.	25	25		1 par torpille.	
C. N.	C. N.	181	I. 74	Rondelle pour bouchon percuteur du porte-cartouche		Idem.	26	26		5 par torpille.	
C. N.	C. N.	181	F. 18	Diaphragme en caoutchouc du piston hydrostatique		Idem.	27	27		3 par torpille.	
C. N.	C. N.	181	J. 24	Tiroir pour machine		Idem.	28	28		1 par torpille.	
C. N.	C. N.	181	G. 34	Bouchon de vidange de la sphère à pétrole (vis bouchon de réservoir d'huile)		Idem.	29	29		1	
C. N.	C. N.	181	C. 37	Vis…	bouchon de remplissage	Idem.	30	30		1	
C. N.	C. N.	181	C. 42		bouchon de vidange des compartiments des régulateurs	Idem.	31	31		1	
C. N.	C. N.	181	A. 10		de fixation du cône de jonction	Idem.	32	32		15 par torpille.	
C. N.	C. N.	181	Q. 25		goujon de fixation des portes	Idem.	33	33		15 par torpille.	
C. N.	C. N.	181	E. 36		fixation de la plaque guide de la bielle du gouvernail vertical	Idem.	34	34		2 par torpille.	
C. N.	C. N.	181	E. 42		pointue pour jonction des tringles de transmission	Idem.	35	35		3 par torpille.	

DIRECTIONS DU SERVICE À TERRE où s'opèrent : Les délivrances de 1er armement	Les délivrances en récomplètement, les 1res délivrances, les renouvellements et les réparations.	NUMÉROS D'ORDRE de la nomenclature. Par unité collective.	Par unité simple.	NOMENCLATURE DES OBJETS À FOURNIR.	ESPÈCES des unités.	REPÈRES.	REPÈRES.	BASES DES DÉLIVRANCES. Armement.	Rechanges.	OBSERVATIONS.
1	2	3	4	5	6	7	8	9	10	11
				TORPILLES D'EXERCICE. (Suite.)						
C. N.	C. N.	181	M. 25	Vis… frein	Nombre.	1	1		2 par torpille.	
C. N.	C. N.	181	B. 101	Vis… pour guide en T	Idem.	2	2		1 par torpille.	
C. N.	C. N.	381	V. 25	Vis… de tenue des ailettes directrices	Idem.	3	3		1 par torpille.	
C. N.	C. N.	381	V. 26	Vis… pour plaquette d'immobilisation du gouvernail vertical et du support à chape	Idem.	4	4		2 par torpille.	
C. N.	C. N.	181	G. 55	Vis… de la porte de visite de la soupape différentielle, du pendule, des écrous d'hélice	Idem.	5	5		7 par torpille.	
C. N.	C. N.	181	J. 38	Joint pour bouchon du cylindre	Idem.	6	6		1 par torpille.	
C. N.	C. N.	181	J. 39	Joint pour bouchon de tiroir	Jeu.	7	7		1 par torpille.	
C. N.	C. N.	181	I. 110	Rondelle du bouchon inférieur	Nombre.	8	8		3 pour 2 torpilles.	
C. N.	C. N.	181	I. 115	Joint de bouchon de remplissage réservoir d'huile B. P.	Idem.	9	9		2 par torpille.	
C. N.	C. N.	181	D. 45	Joint pour vis de purge du flotteur AR	Idem.	10	10		1 par torpille.	
C. N.	C. N.			Tubulure pour essai d'étanchéité du flotteur	Idem.	11	11	1		
C. N.	C. N.			Tubulure pour essai d'étanchéité du compartiment des régulateurs	Idem.	12	12	1		
C. N.	C. N.			Tuyau servo-moteur et graissage	Mètre.	13	13		2	
C. N.	C. N.			Boîtes de tarauds pour torpilles, modèle 1906 et suivants	Nombre.	14	14	1		
C. N.	C. N.			Rondelle garniture pour tige de manœuvre de soupape de conservation	Idem.	15	15		1/2 de la quantité en place.	
C. N.	C. N.			Rondelle garniture pour tige de manœuvre de soupape de chargement (Siège)	Idem.	16	16		Idem.	
C. N.	C. N.		A. 102	Rondelle en cuir, joint du fond vissé de la pointe percutante	Idem.	17	17		Idem.	
C. N.	C. N.			Sabot protecteur en bois pour pointe de combat	Idem.	18	18		1 par bâtiment.	
C. N.	C. N.	180	I. G. 106	Porte cartouche complet 1911 V.	Idem.	19	19		Idem.	
C. N.	C. N.	180	I. G. 109	Pulvérisateur complet 1911 V.	Idem.	20	20		Idem.	
C. N.	C. N.	181	I. 338	Joint du pulvérisateur	Idem.	21	21		1 par torpille.	

DIRECTIONS [illegible] : Les délivrances au 1er armement.	Les délivrances en remplacement; les 1res délivrances, les remplacements et les réparations.	NUMÉROS D'ORDRE de la nomenclature. Par unité collective.	Par unité simple.	NOMENCLATURE DES OBJETS À FOURNIR.	ESPÈCES des unités.	REPÈRES.	REP. REP.	BASES DES DÉLIVRANCES. À L'ARMEMENT.	EN COURS.	OBSERVATIONS.
1	2	3	4	5	6	7	8	9	10	11
				OBJETS POUR LE SERVICE GÉNÉRAL DES TORPILLES.						(1) Composé de : 1° Un support et un chantier oscillant en tôlerie; 2° Un moteur avec son réducteur et une transmission par bielle et manivelle; 3° Un appareil enregistreur se fixant sur la queue de la torpille.
C. N.	C. N.	180	Q. G. 187	Bancs d'essai des mécanismes	Nombre.	1	1	1 par flottille ou escadrille.		
C. N.	C. N.	180	Q. G. 266	Banc de réglage automatique pour gyroscope à air	Idem.	2	2	Idem.		
C. N.	C. N.		T. O. 05	Banc de balancement pour relever les diagrammes des appareils d'immersion (1)	Idem.	3	3	Idem.		
C. N.	C. N.	180	Q. G. 118	Bassins en tôle zinguée pour le nettoyage des pièces démontées	Idem.	4	4	1 par bâtiment.		
C. N.	C. N.	180	Q. G. 119	Bidons en fer-blanc de 10 litres pour huile spéciale de graissage	Idem.	5	5	Idem.		
C. N.	A. F.			Bidons en fer-blanc à bouchon et à vis pour contenir l'alcool servant au nettoyage des torpilles	Idem.	6	6	Le nombre nécessaire pour loger l'approvisionnement.		
C. N.	C. N.	180	Q. G. 117	Boîte à compartiments pour ramasser les pièces démontées	Idem.	7	7	2 par bâtiment.		
C. N.	C. N.	180	Q. G. 148	Boîtes de tarauds 1919		8	8	1 par bâtiment.		
C. N.	C. N.	109	19 à 25	Boîtes en fer pour matières consommables, de 0 l. 75, 2, 4, 5, 7 et 15 litres	Idem.	9	9	1 de chaque contenance par bâtiment.		
C. N.	C. N.	180	Q. G. 136	Boîte spéciale en tôle ou pots en grès pour la conservation des joints en caoutchouc	Idem.	10	10	1 par bâtiment.		
C. N.	C. N.	109	91	Caisses en tôle zinguée de 45 litres pour huile de graissage, et pétrole d'entretien	Idem.	11	11	4 par bâtiment.		
C. N.	C. N.			Calibres de vérification de la rentrée dans le tube du doigt de rabattement du levier de prise d'air	Idem.	12	12	1 par bâtiment.		
C. N.	C. N.	181	Q. 175	Clé à griffes pour l'ouverture des soupapes de prise d'air	Idem.	13	13	2 par poste à tubes.		
C. N.	C. N.	181	Q. 176	Clé pour raccords de tuyautage d'air	Idem.	14	14	Idem.		
C. N.	C. N.	180	Q. G. 271	Crocs de remorque	Idem.	15	15	2 par bâtiment.		
C. N.	C. N.	180	Q. G. 135	Enregistreur de bande et d'immersion modèle 1917	Idem.	16	16	1 par 8 torpilles.		
C. N.	C. N.			Éprouvette pour remplissage des récipients	Idem.	17	17	1 par bâtiment.		
C. N.	C. N.	180	Q. G. 530	Équerre pour le montage et le démontage de la machine	Idem.	18	18	Idem.		
C. N.	C. N.	91	122	Glace pour manomètre	Idem.	19	19		1 par manomètre.	
C. N.	C. N.			Griffes pour mise au tube et sortie de torpilles de combat	Idem.	20	20	2 de chaque type.		
C. N.	C. N.			Griffes pour mise au tube et sortie de torpilles d'exercice	Idem.	21	21	1 par bâtiment.		
C. N.	A. F.	109	72	Huilier ou burette de 1 litre, en fer-blanc	Idem.	22	22	2 par bâtiment.		
C. N.	C. N.	180	F. G. 351	Manomètres pour pression du réservoir de 0 à 150 kilogrammes	Idem.	23	23	1 par 6 torpilles.		
C. N.	C. N.	105	D1 812	Manomètres gradués de 0 à 5 kilogrammes et de 148 millimètres de diamètre pour les essais d'étanchéité des divers compartiments	Idem.	24	24	Idem.		
C. N.	C. N.	105	A2 861	Manomètres gradués de 0 à 225 kilogrammes pour poste de chargement des torpilles	Idem.	25	25	Idem.		
C. N.	C. N.			Matériel spécial pour embarquement et manœuvre à bord des torpilles	Idem.	26	26	1 par bâtiment.		
C. N.	C. N.	180	Q. G. 116	Niveau à bulle d'air	Idem.	27	27	Idem.		
C. N.	C. N.	103	Q. 23	Palan différentiel de 2.000 kilogrammes pour la manœuvre des torpilles	Idem.	28	28	1 pour 6 torpilles.		
C. N.	C. N.	180	Q. G. 139	Pelotte pour boîte à phosphore	Idem.	29	29	1 par tête d'exercice.		
C. N.	A. F.	101	7267	Poinçons en acier fondu pour marquer les pièces de torpilles démontables, de 4 millimètres : Chiffres	Idem.	30	30	1 par bâtiment.		
C. N.	A. F.	101	7252	Poinçons en acier fondu pour marquer les pièces de torpilles démontables, de 4 millimètres : Alphabet	Idem.	31	31	Idem.		
C. N.	C. N.			Peson pour mesurer l'effort de dévissage de l'hélice de la pointe percutante	Idem.	32	32	Idem.		
C. N.	C. N.			Potence pour l'embarquement des torpilles	Idem.	33	33	Idem.		
C. N.	C. N.	180	P. 403	Pompe d'essai d'étanchéité des flotteurs des torpilles	Idem.	34	34	Idem.		

Directions ou services à terre où s'opèrent : Les délivrances du 1er armement	Les délivrances en chargement; les 1res délivrances; les renouvellements et les réparations.	Numéros d'ordre de la nomenclature. Par unité collective.	Par unité simple.	Nomenclature des objets à fournir.	Espèces des unités.	Repères.	Repères.	Bases des délivrances. [illegible]	[illegible]	Observations.
1	2	3	4	5	6	7	8	9	10	11
				OBJETS POUR LE SERVICE GÉNÉRAL DES TORPILLES. (Suite.)						
A. B.	A. B.			**Plateau calculateur de route du but pour la conduite du tir des torpilles.**	Nombre.	1	1	1 par bâtiment.		
C. N.	C. N.			**Planchette de mise aux tubes des torpilles**	*Idem.*	2	2	Suivant les besoins.		
C. N.	C. N.	181	Q. 563	**Rallonge pour tubulure de chargement**	*Idem.*	3	3	1 par tube.		
C. N.	C. N.	180	Q. G. 092	**Rapporteur spécial pour vérifier le pas des hélices**	*Idem.*	4	4	1 par bâtiment.		
C. N.	C. N.	180	Q. G. 251	**Sangle métallique pour la manœuvre**	*Idem.*	5	5	1 par 6 torpilles.		
C. N.	C. N.	180	Q. G. 145	Tubulures… **en forme d'Y pour chargement de deux torpilles**	*Idem.*	6	6	1 par 3 torpilles.		
C. N.	C. N.	180	Q. G. 152	Tubulures… de chargement en pipe de chargement	*Idem.*	7	7	1 par 3 torpilles ou (en fonte) n de 3 torpilles.		
C. N.	C. N.	180	Q. G. 141	Tubulures… à oreilles	*Idem.*	8	8	6 par bâtiment.		
C. N.	C. N.	180	P. G. 350	Tubulures… **pour essais du mécanisme**	*Idem.*	9	9	1 par bâtiment.		
C. N.	C. N.	180	Q. G. 140	Tubulures… pour vérifier la pression restante	*Idem.*	10	10	1 pour 6 torpilles.		
C. N.	C. N.	180	Q. G. 142	Tuyaux… **mobiles de chargement de 3 mètres de long avec raccords mâles et femelles**	*Idem.*	11	11	1 par tube.		
C. N.	C. N.	180	Q. G. 143	Tuyaux… de 20 centimètres de long avec deux raccords femelles	*Idem.*	12	12	2 par bâtiment.		
C. N.	C. N.	180	Q. G. 159	Tuyaux… de prise de chargement avec soupape et raccords	*Idem.*	13	13	Suivant les installations.		
C. N.	C. N.	180	Q. G. 163	**Tréteau établi pour flotteur AR**	*Idem.*	14	14	1 par bâtiment.		
C. N.	C. N.	183		**Triplex ou similaire de 750 kilogrammes**	*Idem.*	15	15	2 par bâtiment.		

DIRECTIONS [illegible]		NUMÉROS D'ORDRE de la [illegible]		NOMENCLATURE DES OBJETS À FOURNIR.	ESPÈCES des unités.	REPÈRES.	REPÈRES.	BASES DES DÉLIVRANCES.		OBSERVATIONS.
Les délivrances au 1er armement.	Les délivrances [illegible]	Par unité collective.	Par unité simple.					[illegible]	[illegible]	
1	2	3	4	5	6	7	8	9	10	
				MATÉRIEL RELATIF AUX CHARGES DE DÉMOLITION (1).						(1) À délivrer en temps de guerre seulement. (B. M. du 10 septembre 1924, n° 6831, Art. 1).
A. R.	A. R.			Carreaux de 12/12/8 de coton poudre humide	Nombre.	1	1	20		
A. R.	A. R.			Cartouches de démolition	*Idem.*	2	2	64		
A. R.	A. R.			Détonateurs à coulant	*Idem.*	3	3	15		
A. R.	A. R.			Mèche au chlorate	Mètre	4	4	20		
A. R.	A. R.			Cordeau détonant	*Idem.*	5	5	90		

DIRECTIONS ou services à terre où s'opèrent : Les délivrances de 1er armement.	Les délivrances de réarmement; les 1res délivrances; les renouvellements et les réparations.	NUMÉROS D'ORDRE de la nomenclature. Par unité collective.	Par unité simple.	NOMENCLATURE DES OBJETS À FOURNIR.	ESPÈCES des unités.	REPÈRES.	REPÈRES.	BASES DES DÉLIVRANCES. Armement.	En réserve.	OBSERVATIONS.
1	2	3	4	5	6	7	8	9	10	11
				ARTICLE LI.						
				MATÉRIEL RELATIF AUX MINES SOUS-MARINES.						
				1° MINES D'EXERCICE.						
C. N.	C. N.	984		Mines complètes	Nombre.	1	1	3		
C. N.	C. N.	984		Boîte de pièces de rechanges complète	*Idem.*	2	2	1		
C. N.	C. N.	984		Boîte de pièces d'exercice	*Idem.*	3	3	1		
C. N.	C. N.	984		Boîte d'outillage pour mines	*Idem.*	4	4	1		
				.....		5	5			
				.....		6	6			
				.....		7	7			
				.....		8	8			
				.....		9	9			
				.....		10	10			
				.....		11	11			
				.....		12	12			
				.....		13	13			
				2° MINES DE COMBAT.						
C. N.	C. N.	984		Mines complètes	Nombre.	14	14	(A.)		
C. N.	C. N.	984		Boîtes de pièces de rechange	*Idem.*	15	15	(A.)		
C. N.	C. N.	984		Boîte d'outillage pour mines	*Idem.*	16	16	2 (B).		
C. N.	C. N.	984		Appareil d'essai pour hydrostatique (C)	*Idem.*	17	17	Suivant les besoins.		
C. N.	C. N.	984		Leviers d'armement	*Idem.*	18	18	*Idem.*		
				.....		19	19			
				.....		20	20			
				.....		21	21			
				.....		22	22			
				.....		23	23			
				.....		24	24			
				OBJETS DIVERS POUR MINES.						
C. N.	C. N.			Tige à crochet pour l'enlevage des mines dans les puits	Nombre.	25	25	2	1	
C. N.	A. F.			Patte d'oie pour la manœuvre des mines	*Idem.*	26	26	2		
C. N.	A. F.			Élingues en fil d'acier de 39 $^m/^m$ 5 de circonférence pour la manœuvre des mines, longues	*Idem.*	27	27	2	2	
C. N.	A. F.			Élingues en fil d'acier de 39 $^m/^m$ 5 de circonférence pour la manœuvre des mines, courtes	*Idem.*	28	28	2	2	
C. N.	C. N.			Pompe Técalémit sans flexible	*Idem.*	29	29	2		
C. N.	C. N.			Tuyau flexible pour pompe Técalémit	*Idem.*	30	30	2	1	
C. N.	A. F.			Planches d'échafaudage pour la visite des puits de mines	*Idem.*	31	31	6		

(A) Les mines de combat ainsi que leurs rechanges sont prises en charge par le Service de la «Défense Fixe» qui assure normalement leur entretien.

(B) S'il est embarqué des mines de plusieurs modèles ayant des boîtes d'outillage différentes, il sera délivré une boîte de chaque sorte.

(C) Pour mines types Allemand.

DIRECTIONS ou services à qui s'adressent :		NUMÉROS D'ORDRE de la nomenclature.		NOMENCLATURE DES OBJETS À FOURNIR.	ESPÈCES des unités.	REPÈRES.	REPÈRES.	BASES DES DÉLIVRANCES.		OBSERVATIONS.
Les délivrances pour l'armement.	Les délivrances en remplacement ; les 1ers délivrements, les remplacements et les réparations.	Par unité collective.	Par unité simple.					ARMEMENT.	REMPLACEMENT.	
1	2	3	4	5	6	7	8	9	10	11
				MÉCANISME DE MOUILLAGE DES MINES.						
C. N.	C. N.			Ressorts en { acier	Nombre.	1	1		1/2 de la quantité en place.	
C. N.	C. N.			Ressorts en { laiton	Idem.	2	2		La quantité en place.	
C. N.	C. N.			Axes avec écrous pour manœuvre du mécanisme	Idem.	3	3		1/2 de la quantité en place.	
C. N.	C. N.			Axes pour cylindre de verrouillage	Idem.	4	4		Idem.	
C. N.	C. N.			Rondelles en caoutchouc pour cylindre à air	Idem.	5	5		Idem.	
C. N.	C. N.			Tringles d'armement avec écrous	Idem.	6	6		1/4 du nombre en place.	
C. N.	C. N.			Graisseurs divers	Idem.		7		Idem.	
C. N.	C. N.			Jeu de boulons, vis ou prisonniers des pièces démontables (1/5 du nombre en place)	Idem.	8	8		1	
C. N.	C. N.			Garnitures en cuir pour { cylindre à air	Idem.	9	9		La quantité en place.	
C. N.	C. N.			Garnitures en cuir pour { cylindre de verrouillage	Idem.	10	10		Idem.	

DIRECTIONS OU SERVICES À TERRE OÙ S'ADRESSER :		NUMÉROS D'ORDRE DE LA NOMENCLATURE.		NOMENCLATURE DES OBJETS À FOURNIR.	ESPÈCES des unités.	REPÈRES.		REPÈRES.	BASES DES DÉLIVRANCES.		OBSERVATIONS.
Les délivrances au 1er armement.	Les délivrances en remplacement ; les 1res délivrances ; les renouvellements et les réparations.	Par unité collective.	Par unité simple.						ARMEMENT.	RECHANGES.	
1	2	3	4	5	6	7		8	9	10	11
				ARTICLE LXIV.							
				MATÉRIEL HORS SERVICES.							
				§ III. — IMPRIMÉS, DOCUMENTS, ETC. RESSORTISSANT AU SERVICE DES ARCHIVES ET BIBLIOTHÈQUE DE LA MARINE.							
				DOCUMENTS ET IMPRIMÉS.							
C. N.	C. N.			Feuilles matriculaires des torpilles automobiles	Nombre.	1		1	1 par torpille.		

DIRECTIONS [illegible]		NUMÉROS D'ORDRE de la [illegible]		NOMENCLATURE DES OBJETS À FOURNIR.	ESPÈCES des [illegible]	REPÈRES.	REPÈRES.	BASES DES DÉLIVRANCES.		OBSERVATIONS.
Les délivrances [illegible]	Les délivrances [illegible] et les réparations.	Par unité collective.	Par unité simple.					[illegible]	[illegible]	
1	2	3	4	5	6	7	8	9	10	11

[illegible]		Numéros d'ordre de la nomenclature.		Nomenclature des objets à fournir.	Espèces des unités.	[illegible]	[illegible]	Dates des délivrances.		Observations.
Les délivrances au 1er armement.	Les délivrances au [illegible]	Par unité collective.	Par unité simple.					[illegible]	[illegible]	
1	2	3	4	5	6	7	8	9	10	11

SEPTIÈME SERVICE

SÉCURITÉ. — PLONGÉE

DÉTENTEUR : MAITRE MÉCANICIEN

DIRECTIONS [illegible] où s'opèrent : Les délivrances au 1er armement.	Les délivrances en réarmement; les 1res délivrances; les renouvellements et les réparations.	NUMÉROS D'ORDRE de la NOMENCLATURE. Par unité collective.	Par unité simple.	NOMENCLATURE DES OBJETS À FOURNIR.	ESPÈCES des unités.	REPÈRES.	REPÈRES.	BASES DES DÉLIVRANCES. [illegible]	[illegible]	OBSERVATIONS.
1	2	3	4	5	6	7	8	9	10	11
				ARTICLE VIII.						(a) Le nombre de boîtes à embarquer est donné par la formule : X = (1,008 N − 0,023 D), X = Nombre de plongées de 48 heures prévues. N = Effectif total du bâtiment. D = Déplacement du bâtiment en surface. (Voir D. du 5 mai 1923 n° 4333 C. N. A.)
				MATÉRIEL RELATIF A LA PROPRETÉ ET À L'HYGIÈNE.						
				§ I. — **RECHANGES DES INSTALLATIONS.**						
				RÉGÉNÉRATION DE L'AIR.						
C. N.	C. N.			Manomètre de pression d'oxygène	Nombre.	1	1		1	
C. N.	C. N.			Manomètre gradué en nombre d'hommes	*Idem.*	2	2		1	
C. N.	C. N.			Globe à eau en verre	*Idem.*	3	3		1	
C. N.	C. N.			Ressorts des clarinettes pour boîtes à soude caustique	*Idem.*	4	4		1/4 du nombre en place.	
C. N.	C. N.			Vis boulons et prisonniers des pièces démontables des clarinettes	*Idem.*	5	5		1/20 du nombre en place.	
				§ II. — **MATÉRIEL D'ARMEMENT ET SES RECHANGES.**						
C. N.	A. F.			Boîtes contenant 2 kilogr. 600 de soude caustique	Nombre.	6	6	(a)		
C. N.	C. N.			Appareil Tissot pour dosage : d'acide carbonique	*Idem.*	7	7	1		
C. N.	C. N.			Appareil Tissot pour dosage : d'hydrogène	*Idem.*	8	8	1		

Directions ou services à faire ou s'opèrent : Les délivrances du 1er armement.	Les délivrances en remplacement, les 2es délivrances, les renouvellements et les réparations.	Numéros d'ordre de la nomenclature : Par unité collective.	Par unité simple.	Nomenclature des objets à fournir.	Espèces des unités.	Repères.	Repères.	Base des délivrances : Armement.	[illegible]	Observations.
1	2	3	4	5	6	7	8	9	10	11
				Article X.						
				MATÉRIEL RELATIF AU TUYAUTAGE D'EAU DES APPAREILS DE COQUE.						
				§ 1. — **RECHANGE DES INSTALLATIONS.**						
				OBJETS DIVERS.						
C. N.	A. F.	58		Lances en cuivre avec raccord de 40 millimètres et diffuseur pour extinction d'incendie	Nombre.	1	1	2		
C. N.	A. F.	90	105	Manches de refoulement en cuir cousues pour incendie de 10 mètres de longueur et 45 millimètres de diamètre intérieur	*Idem.*	2	2	2 fois la longueur de la coque intérieure.		
				avec						
C. N.	A. F.	58	324	Boîtes de raccordement en bronze de 40 millimètres de diamètre intérieur.	*Idem.*	3	3	Le nombre nécessaire.		
C. N.	A. F.	170		Raccords de 60 millimètres munis de 2 branchements de 40 millimètres avec une tape de 40 millimètres pour noyage au bassin	*Idem.*	4	4	1		
C. N.	C. N.	62		Rondelles en cuir D = 108 millimètres d = 78, pour noyage au bassin.	*Idem.*	5	5	1		
C. N.	C. N.	62		Rondelles en cuir D = 60 millimètres d = 40, pour tuyau de lavage du pont et incendie	*Idem.*	6	6		1	
C. N.	C. N.	62		Rondelles en cuir de 56 millimètres de diamètre pour noyage au bassin (tape pleine de 40)	*Idem.*	7	7		2	

DIRECTIONS [illegible] : Les délivrances au 1er armement.	Les délivrances en remplacement : les 1res délivrances, les remplacements et les réparations.	NUMÉROS D'ORDRE de la nomenclature. Par unité collective.	Par unité simple.	NOMENCLATURE DES OBJETS À FOURNIR.	ESPÈCES des unités.	REPÈRES.	REPÈRES.	BASES DES DÉLIVRANCES. Armement.	Rechanges.	OBSERVATIONS.
1	2	3	4	5	6	7	8	9	10	11
										(1) Avec minimum de 1 de chaque dimension.
				CLAPETS DE REMPLISSAGE DES W. R.						
C. N.	C. N.			Cadres en caoutchouc	Nombre.	1	1		2 de chaque type.	
C. N.	A. F.			Couronnes en cuir pour carter des vis et pignons de manœuvre des clapets	*Idem.*	2	2		1/2 du nombre en place.	
				CLAPETS D'ÉPUISEMENT À LA CALE.						
C. N.	C. N.			Ressort de rappel des clapets	Nombre.	3	3		1/2 du nombre en place.	
C. N.	A. F.			Garnitures en cuir des clapets	*Idem.*	4	4		Le nombre en place.	
C. N.	C. N.			Goujons des clapets	*Idem.*	5	5		1/20 du nombre en place (1).	

DIRECTIONS qui doivent faire les délivrances : Les délivrances en 1er armement	Les délivrances en remplacement; les 2es délivrances; les renouvellements et les réparations.	NUMÉROS D'ORDRE de la nomenclature. Par unité collective.	Par unité simple.	NOMENCLATURE DES OBJETS À FOURNIR.	ESPÈCES des unités.	REPÈRES.	REPÈRES.	BASES DES DÉLIVRANCES. Armement.	Rechanges.	OBSERVATIONS.
1	2	3	4	5	6	7	8	9	10	11
				ÉVACUATION D'AIR DES W. R.						(1) Avec minimum d'une garniture complète de chaque type. (2) Avec minimum de 1 de chaque dimension.
				a) Clapets.						
C. N.	C. N.			Garnitures en caoutchouc des clapets	Nombre.	1	1		2 de chaque type.	
C. N.	A. F.			Cuir pour garnitures de : piston	Idem.	2	2		1/2 du nombre en place (1).	
C. N.	A. F.			Cuir pour garnitures de : tige de piston	Idem.	3	3		1/2 du nombre en place.	
C. N.	C. N.			Pistons du cylindre de manœuvre des clapets	Idem.	4	4		1 de chaque type.	
C. N.	C. N.			Rondelles Gauthier ou similaires pour presse-étoupes des tiges de manœuvre	Idem.	5	5		1/2 du nombre en place.	
C. N.	C. N.			Rondelles butoir en caoutchouc	Idem.	6	6		1/10 du nombre en place.	
C. N.	C. N.			Jeu de boulons, vis ou prisonniers des pièces démontables	Idem.	7	7		1/20 du nombre en place (2).	
				b) [illegible]						
C. N.	A. F.			Cuirs des cylindres de manœuvre : grands	Nombre.	8	8		1/2 du nombre en place.	
C. N.	A. F.			Cuirs des cylindres de manœuvre : petits	Idem.	9	9		1/2 du nombre en place.	
C. N.	C. N.			Rondelles Gauthier ou similaires pour presse-étoupes des tiges de manœuvre	Idem.	10	10		1/2 du nombre en place.	
C. N.	C. N.			Jeu de boulons, vis ou prisonniers des pièces démontables	Idem.	11	11		1/20 du nombre en place (2).	

DIRECTIONS ou services à vases où s'opèrent : Les délivrances au 1er armement.	Les délivrances en réarmement, les 2es délivrances et les renouvellements et les réparations.	NUMÉROS D'ORDRE de la nomenclature. Par unité collective.	Par unité simple.	NOMENCLATURE DES OBJETS À FOURNIR.	ESPÈCES des unités.	RAPIDES.		REPÈRES.	BASES DES DÉLIVRANCES. ARMEMENT.	RECHANGES.	OBSERVATIONS.
1	2	3	4	5	6	7		8	9	10	11
				CAISSES DE RÉGLAGE, D'ASSIETTE ET PLONGÉE RAPIDE.							
C. N.	C. N.			Ressorts pour soupapes de sûreté des caisses de réglage.	Nombre.	1		1		Le nombre en place.	
C. N.	C. N.			Ressorts pour soupapes de sûreté des caisses d'assiette.	Idem.	2		2		Le nombre en place.	
				Rondelle butoir pour vannes de remplissage.	Idem.	3		3		Le nombre en place.	
C. N.	C. N.			Manœuvre à huile sous pression des vannes de remplissage des caisses : Garnitures en cuir des cylindres.	Idem.	4		4		Le nombre en place.	
C. N.	C. N.			Manœuvre à huile sous pression des vannes de remplissage des caisses : Garnitures en cuir des pistons.	Idem.	5		5		Le nombre en place.	

Directions [illegible] : Les délivrances au 1er armement.	Directions [illegible] : Les délivrances au [illegible] et les réparations.	Numéros [illegible] : Par unité collective.	Numéros [illegible] : Par unité simple.	Nomenclature des objets à fournir.	Espèces des unités.	Repères.	Repères.	Bases des délivrances. [illegible]	Bases des délivrances. [illegible]	Observations.
1	2	3	4	5	6	7	8	9	10	11
				§ II. — **MATÉRIEL D'ARMEMENT ET SES RECHANGES.**						
				OBJETS DIVERS.						
C. N.	A. F.			Clés spéciales pour démontage des vis de manœuvre des clapets de remplissage des W. B..	Jeu.	1	1	1		
C. N.	C. N.			Manomètre de pression de ... millimètres avec pattes d'attache gradués de o à .... kilos pour caisses de réglage et d'assiette	Nombre.	2	2	Suivant les installations.		

DIRECTIONS [illegible] où s'opèrent : Les délivrances du 1er armement.	Les délivrances en [illegible]; les 1res délivrances; les renouvellements et les réparations.	NUMÉROS D'ORDRE de la nomenclature. Par unité collective.	Par unité simple.	NOMENCLATURE DES OBJETS À FOURNIR.	ESPÈCES des unités.	REPÈRES.	REPÈRES.	BASES DES DÉLIVRANCES. [illegible]	[illegible]	OBSERVATIONS.
1	2	3	4	5	6	7	8	9	10	11
				Article XVI.						
				MATÉRIEL RELATIF AUX FERMETURES.						
				§ I. — RECHANGES DES INSTALLATIONS.						
				OBJETS DIVERS.						
C. N.	C. N.	90		Bandes en caoutchouc de pour panneaux d'accès, manches à air, clapets des silencieux	Mètre.	1	1		Quantité en place.	
C. N.	C. N.	90		Bandes en caoutchouc de pour tapes de sûreté des hublots du kiosque	Idem.	2	2		Quantité en place.	
C. N.	C. N.	90		Cadres en caoutchouc pour porte de cloisons d'accrochage	Nombre.	3	3		1 par porte.	
C. N.	C. N.			Ressorts pour panneaux. d'embarquement des torpilles AV et AR	Idem.	4	4		1	
C. N.	C. N.			Ressorts pour panneaux. des logements	Idem.	5	5		1	
C. N.	C. N.			Ressorts pour panneaux. inférieur du sas de scaphandrier	Idem.	6	6		1	
C. N.	C. N.			Ressorts pour panneaux. supérieur du sas de scaphandrier	Idem.	7	7		1	
C. N.	C. N.			Ressorts pour panneaux. supérieur du kiosque	Idem.	8	8		1	
C. N.	C. M.			Ressorts pour panneaux. des manches d'arrivée d'air aux moteurs à pétrole	Idem.	9	9		1	
C. N.	A. F.			Rondelles Gauthier ou similaires pour presse-étoupe des leviers de serrage des portes des cloisons d'accrochage	Idem.	10	10		10	
C. N.	A. F.			Verres de hublots pour kiosque (rectangulaire à angles arrondis de	Idem.	11	11		1	
C. N.	A. F.			Verres de hublots pour abri de navigation	Idem.	12	12		2	
				§ II. — MATÉRIEL D'ARMEMENT ET SES RECHANGES.						
C. N.	A. F.			Cadenas moyens munis de deux clefs en fer pour armoires à ga	Nombre.	13	13	Le nombre nécessaire.		

Directions ou services à terre qui s'opèrent : Les délivrances au 1er armement	Les délivrances au changement, les 1res délivrances, les renouvellements et les réparations.	Numéros d'ordre de la nomenclature. Par unité collective.	Par unité simple.	Nomenclature des objets à fournir.	Espèces des unités.	Repères.	Repères.	Bases des délivrances. [illegible]	[illegible]	Observations.
1	2	3	4	5	6	7	8	9	10	11
				Article LXIII.						
				MATÉRIEL DIVERS D'ARMEMENT MIS À LA DISPOSITION DES SERVICES DU BORD ET NE SE RATTACHANT PAS DIRECTEMENT AUX INSTALLATIONS SPÉCIALES.						
				9° — **MATÉRIEL DU SERVICE DES MACHINES.**						
				SCAPHANDRE AUTONOME BOUTAN TYPE C. (V II).						
				Appareil et bouteille d'air.						
C. N.	A. F.	109	300	Scaphandre autonome type C (4 heures) muni de sa bouteille d'oxygène et de son manomètre gradué de 0 à 4 kilos	Nombre.	1	1	1		
C. N.	A. F.	109	301	Tuyau pour appareil	Idem.	2	2	2		
C. N.	A. F.	109	302	Bretelle pour appareil	Idem.	3	3	1		
C. N.	A. F.	109	303	Bouteille d'air avec manomètre de 0 à 250 kilos	Idem.	4	4	1		
C. N.	A. F.	109	304	Tuyau pour bouteille d'air	Idem.	5	5	1		
C. N.	A. F.	109	305	Bretelle pour bouteille d'air	Idem.	6	6	1		
				Boîte d'outillage.						
C. N.	A. F.	109	309	Caisse renfermant l'outillage	Nombre.	7	7	1		
C. N.	A. F.	109	310	Tournevis	Idem.	8	8	1		
C. N.	A. F.	109	311	Clé anglaise	Idem.	9	9	1		
C. N.	A. F.	109	313	Clé à douille pour presse-étoupes	Idem.	10	10	1		
C. N.	A. F.	109	314	Clé ordinaire pour raccords	Idem.	11	11	1		
C. N.	A. F.	109	315	Entonnoir en cuivre	Idem.	12	12	1		
C. N.	A. F.	109	316	Jauge pour solution de potasse	Idem.	13	13	1		
C. N.	A. F.	109	317	Tubulure de chargement pour bouteille d'oxygène de 3 litres	Idem.	14	14	1		
C. N.	A. F.	109	318	Tubulure de raccordement pour la canalisation d'air à bord	Idem.	15	15	1		
C. N.	A. F.	109	312	Clé à douille pour injecteur	Idem.	16	16	1		
C. N.	A. F.	109	319	Tubulure de chargement pour bouteille d'air	Idem.	17	17	1		
C. N.	A. F.	109	320	Tubulure de raccordement sur grande bouteille d'oxygène	Idem.	18	18	1		
C. N.	A. F.	109	321	Indicateur de débit d'oxygène	Idem.	19	19	1		
C. N.	A. F.	109	322	Bouchon de fermeture pour tubulure d'appareil	Idem.	20	20	2		
C. N.	A. F.	109	323	Bouchon de fermeture pour tubulure de casque	Idem.	21	21	3		
				Rechanges pour appareils.						
C. N.	A. F.	109	325	Bretelles pour appareil et bouteille d'air	Nombre.	22	22		2	
C. N.	A. F.	109	326	Buse pour injecteur (orifice [illegible])	Idem.	23	23		4	
C. N.	A. F.	109	327	Manomètres de 0 à 4 kilos	Idem.	24	24		1	
C. N.	A. F.	109	328	Manomètres de 0 à 200 kilos	Idem.	25	25		1	
C. N.	A. F.	109	329	Ressorts pour détendeurs (2 grands, 2 petits)	Idem.	26	26		4	
C. N.	A. F.	109	330	Ressorts pour soupape de sûreté après filtre	Idem.	27	27		2	
C. N.	A. F.	109	331	Vis gicleur avec pastille en ébonite pour détendeurs	Idem.	28	28		4	
C. N.	A. F.	109	332	Vis en bronze pour joint des plateaux	Idem.	29	29		12	
C. N.	A. F.	109	333	Diaphragmes en caoutchouc pour détendeur	Idem.	30	30		2	
C. N.	A. F.	109	334	Joints en carton d'amiante au graphite pour trompe d'injecteur	Idem.	31	31		2	
C. N.	A. F.	109	334	Joints en carton d'amiante au graphite pour plateaux AV et AR	Idem.	32	32		4	
C. N.	A. F.	109	336	Boîte de rondelles assorties en fibrine et feutre pour raccords et presse-étoupes (12 de chaque)	Idem.	33	33		1	
C. N.	A. F.	109	337	Bouteille d'air avec manomètre de 0 à 250 kilos	Idem.	34	34		1	
C. N.	A. F.	109	338	Bouteille à oxygène avec détendeur	Idem.	35	35		1	

DIRECTIONS de service à terre où s'opèrent : Les délivrances et 1ers armements.	Les délivrances au récomplètement; les 1res délivrances; les remplacements et les réparations.	NUMÉROS D'ORDRE de la nomenclature. Par unité collective.	Par unité simple.	NOMENCLATURE DES OBJETS À FOURNIR.	ESPÈCES des unités.	REPÈRES.	REPÈRES.	BASES DES DÉLIVRANCES. Armement.	Rechanges.	OBSERVATIONS.
1	2	3	4	5	6	7	8	9	10	11
				Vêtements.						
C. N.	A. F.	109	208-209	Caisses en bois avec compartiments	Nombre.	1	1	2		
C. N.	A. F.	109	276	Vêtement imperméable en caoutchouc sans boulons	Idem.	2	2	1		
C. N.	A. F.	109	339	Casque en cuivre avec joint en caoutchouc pour glace	Idem.	3	3	1		
C. N.	A. F.	109	241	Pèlerine en cuivre pour scaphandre, sans boulons	Idem.	4	4	1		
C. N.	A. F.	109	262	Souliers avec semelles en plomb, bouts en bronze (paire)	Idem.	5	5	1		
C. N.	A. F.	109	218	Ceinture avec poignard et fourreau { Ceinture en cuir avec coulants	Idem.	6	6	1		
C. N.	A. F.	109	240	Ceinture avec poignard et fourreau { Poignard et fourreau	Idem.	7	7	1		
C. N.	A. F.	109	265	Bracelets ou anneaux en caoutchouc pour serrer les poignets	Paire.	8	8	1		
C. N.	A. F.	109	220	Coussins ou épaulières	Nombre.	9	9	2		
C. N.	A. F.	109	235	Ouvre-manchettes en cuivre	Idem.	10	10	2		
				Sous-vêtements.						
C. N.	A. F.	94	1343	Chemises ou tricot de laine	Idem.	11	11	2		
C. N.	A. F.	94	1342	Caleçons de laine	Idem.	12	12	2		
C. N.	A. F.	94	1340	Paires de bas de laine	Idem.	13	13	2		
C. N.	A. F.	94	1341	Bonnets de laine	Idem.	14	14	2		
				Rechanges pour vêtements.						
C. N.	A. F.	109	252	Rondelles en caoutchouc pour joints { de la glace de face	Nombre.	15	15		1	
C. N.	A. F.	109	254	Rondelles en caoutchouc pour joints { de la pèlerine, sans boulons	Idem.	16	17		1	
C. N.	A. F.			Ressorts pour soupapes { d'évacuation du casque	Idem.	17	17		3	
C. N.	A. F.			Ressorts pour soupapes { d'arrivée d'air du casque	Idem.	18	18		3	
C. N.	A. F.	109	281	Verres ronds non garnis pour casque { de face	Idem.	19	19		1	
C. N.	A. F.	109	282	Verres ronds non garnis pour casque { de côté	Idem.	20	20		1	
C. N.	A. F.	109	20	Bracelets ou anneaux en caoutchouc pour serrer les poignets	Paire.	21	21		7	

DIRECTIONS ou services à [illegible] : Les délivrances en 1er armement.	Les délivrances en [illegible]; les 1res délivrances; les renouvellements et les réparations.	NUMÉROS D'ORDRE de la nomenclature. Par unité collective.	Par unité simple.	NOMENCLATURE DES OBJETS À FOURNIR.	ESPÈCES des unités.	REPÈRES.	REPÈRES.	BASES DES DÉLIVRANCES. [illegible]	[illegible]	OBSERVATIONS.
1	2	3	4	5	6	7	8	9	10	11
				SCAPHANDRE AUTONOME BOUTAN (Suite).						
				Ustensiles divers pour faire l'approvisionnement et préparer la solution.						
C. N.	A. F.	109	343	Bonbonne en verre pour la solution de potasse de 5 litres	Nombre.	1	1	1		
C. N.	A. F.	109	344	Seau émaillé	Idem.	2	2	1		
C. N.	A. F.	109	345	Louche émaillée	Idem.	3	3	1		
C. N.	A. F.	109	346	Entonnoir émaillé	Idem.	4	4	1		
C. N.	A. F.	109	347	Tourie en grès vernissée pour l'approvisionnement de potasse (contenance 10 litres)	Idem.	5	5	1		
C. N.	A. F.	109	348	Bouteille genre Michelin, de 10 litres environ en acier pour l'oxygène (timbrée à 200 kilos avec soupape de conservation)	Idem.	6	6	2		
				Outillage et divers.						
C. N.	A. F.	109	349	Coupe-boulon système Victor (cisaille à main à multiplication pour boulons de 16 millimètres)	Nombre.	7	7	1		
C. N.	A. F.	109	350	Appareil téléphonique avec deux prises de courant spéciales pour scaphandre Boutan	Idem.	8	8	1		
C. N.	C. N.	105		Manomètre de précision de 180 millimètres avec patte d'attache et raccords, gradué de 0 à 30 mètres d'eau de mer pour ses	Idem.	9	9	1		
C. N.	A. F.	08		Chevilles tronconiques en sapin pour obturer les voies d'eau. Diamètre moyen (D+a) millimètres (A)	Idem.	10	10	12		
C. N.	A. F.	08		— D	Idem.	11	11	24		
C. N.	A. F.	08		— (D—a) millimètres	Idem.	12	12	24		
C. N.	A. F.	49	640	Extincteurs de 10 litres à projection système à mousse (vides)	Idem.	13	13	(B)		
C. N.	A. F.	49	645	Charges pour appareils à projection de 10 litres	Idem.	14	14	(B)	(B)	
C. N.	A. F.			Flexible avec lance pour extincteur à mousse	Idem.	15	15	2		
C. N.	C. N.	109	120	Carton formant reliure mobile pour la conservation des feuilles d'armement	Idem.	16	16	1		
C. N.	A. F.	100	235	Ciseau à bois force courante de 35 millimètres de largeur	Idem.	17	17	1		
C. N.	A. F.	100	1135	Gouge pour menuisier, force courante, demi-creuse à biseau extérieur de 35 millimètres	Idem.	18	18	1		
C. N.	A. F.	100	3004 à 3064	Mèche à l'anglaise à 3 pointes à tête carrée pour vilebrequin	Idem.	19	19	1		
C. N.	A. F.	101	4086	Manches de ciseau à 1 virole	Idem.	20	20	2		
C. N.	A. F.	100	4105	Rabot ordinaire bois	Idem.	21	21	1		
C. N.	A. F.	100	4113	Rabot ordinaire fer de 45 millimètres	Idem.	22	22	1		
C. N.	A. F.	100	4123	Rabot ordinaire contre-fer de 45 millimètres	Idem.	23	23	1		

(A) D = diamètre des plus grands trous de la coque sous-marine.

(B) 9 aux sous-marins de 1re classe; 5 aux sous-marins de 2e classe.

[illegible]		NUMÉROS D'ORDRE de la NOMENCLATURE.		NOMENCLATURE DES OBJETS [illegible].	ESPÈCES des [illegible].	REPÈRES.		REPÈRES.	[illegible]		OBSERVATIONS.
Les [illegible]	Les [illegible]	Par unité collective.	Par unité simple.						[illegible]	[illegible]	
1	2	3	4	5	6	7		8	9	10	11

DIRECTIONS ou services à verser [illegible]		NUMÉROS D'ORDRE de la nomenclature.		NOMENCLATURE DES OBJETS À FOURNIR.	ESPÈCES des unités.	REPÈRES.	REPÈRES.	BASES DES DÉLIVRANCES.		OBSERVATIONS.
Les délivrances au 1er armement.	Les délivrances au réarmement; des 1res délivrances les remplacements et les réparations.	Par unité collective.	Par unité simple.					Armement.	Rechanges.	
1	2	3	4	5	6	7	8	9	10	11

HUITIÈME SERVICE

ÉLECTRICITÉ

DÉTENTEUR : MAITRE ÉLECTRICIEN

DIRECTIONS du service à terre où s'opèrent :		NUMÉROS D'ORDRE de la nomenclature		NOMENCLATURE DES OBJETS À FOURNIR	ESPÈCES des unités.	REPÈRES.	REPÈRES.	BASES DES DÉLIVRANCES.		OBSERVATIONS.
Les délivrances au 1er armement.	Les délivrances en réarmement; les 1res délivrances; les renouvellements et les réparations.	Par unité collective.	Par unité simple.					Armement.	Rechanges.	
1	2	3	4	5	6	7	8	9	10	11
				ARTICLE PREMIER. MATÉRIEL RELATIF AU MOUILLAGE.						(A) La ligne comprend le nombre total de porte-frotteurs existant sur un moteur, divisé par le nombre des pôles.
				§ I. — RECHANGES DES INSTALLATIONS.						
				MOTEUR DU GUINDEAU.						
C. N.	C. N.			Coussinets ou douilles	Nombre.	1	1			
C. N.	C. N.			Induit complet avec arbre et collecteur	Idem.	2	2		1 de chaque type.	
C. N.	C. N.			Pignons dentés non métalliques	Idem.	3	3		1	
C. N.	C. N.			Roulements et butées à billes	Idem.	4	4		1 de chaque type.	
C. N.	C. N.			Porte-frotteurs	Idem.	5	5		Idem.	
C. N.	C. N.			Ressorts pour porte-frotteurs	Idem.	6	6		1 ligne (A).	
C. N.	C. N.			Boulons, vis ou prisonniers des pièces démontables	Idem.	7	7		1 ligne (A).	
				......		8	8		Matériel Machines.	
				......		9	9			
				......		10	10			
				......		11	11			
				......		12	12			
				......		13	13			
				......		14	14			
				......		15	15			
				......		16	16			
				......		17	17			
				......		18	18			
				§ II. MATÉRIEL D'ARMEMENT ET SES RECHANGES.						
C. N.	C. N.	101		Clés de démontage	Jeu.	19	19	Matériel Machines.		
C. N.	C. N.	101		Extracteurs de roulements et butées à billes	Idem.	20	20	1		

[illegible]		NUMÉROS D'ORDRE de la nomenclature.		NOMENCLATURE DES OBJETS À FOURNIR.	ESPÈCES des unités.	REPÈRES.	REPÈRES.	BASES DES DÉLIVRANCES.		OBSERVATIONS.
Les délivrances au 1er armement.	Les délivrances au réarmement; les 1res délivrances, les renouvellements & les réparations.	Par unité collective.	Par unité simple.					ARMEMENT.	RECHANGES.	
1	2	3	4	5	6	7	8	9	10	11
				ARTICLE II.						
				MATÉRIEL RELATIF À L'AMARRAGE, AU REMORQUAGE, À L'EMBOSSAGE ET AU HALAGE.						
				§ I. — RECHANGES DES INSTALLATIONS.						
				MOTEUR DE LA POUPÉE DE HALAGE AR.						
C. N.	C. N.			Coussinets ou douilles	Nombre.	1	1		1 de chaque type.	
C. N.	C. N.			Induit complet avec arbre et collecteur	Idem.	2	2		1	
C. N.	C. N.			Pignons dentés non métalliques	Idem.	3	3		1 de chaque type.	
C. N.	C. N.			Roulements et butées à billes	Idem.	4	4		Idem.	
C. N.	C. N.			Porte-frotteurs	Idem.	5	5		1 ligne (a).	
C. N.	C. N.			Ressorts pour porte-frotteurs	Idem.	6	6		1 ligne (a).	
C. N.	C. N.			Boulons, vis ou prisonniers des pièces démontables	Idem.	7	7		1/20 du nombre en place (b).	
				......		8	8			
				......		9	9			
				......		10	10			
				......		11	11			
				......		12	12			
				......		13	13			
				......		14	14			
				......		15	15			
				......		16	16			
				......		17	17			
				......		18	18			
				......		19	19			
				......		20	20			
				§ II. — MATÉRIEL D'ARMEMENT ET SES RECHANGES.						
C. N.	C. N.	101		Clés de démontage	Jeu.	21	21	1		
C. N.	C. N.	110		Extracteurs de roulements et butées à billes	Idem.	22	22	1		

(a) La ligne comprend le nombre total de porte-frotteurs existant sur un moteur, divisé par le nombre de pôles.

(b) Avec minimum de 1 de chaque type.

DIRECTIONS ou services à terre où s'opèrent : Les délivrances du 1er armement.	Les délivrances au réarmement; les 1res délivrances; les renouvellements et les réparations.	NUMÉROS D'ORDRE de la nomenclature. Par unité collective.	Par unité [illegible]	NOMENCLATURE DES OBJETS À FOURNIR.	ESPÈCES des unités.	REPÈRES.	REPÈRES.	BASES DES DÉLIVRANCES. Armement.	Réserve.	OBSERVATIONS.
1	2	3	4	5	6	7	8	9	10	11
				Annexe III.						
				MATÉRIEL RELATIF À L'APPAREIL À GOUVERNER.						
				§ I. — **RECHANGES DES INSTALLATIONS**						
				MOTEUR DU GOUVERNAIL DE DIRECTION.						
C. N.	C. N.			Coussinets ou douilles	Nombre.	1	1		1 de chaque type.	
C. N.	C. N.			Induit complet avec arbre et collecteur	*Idem.*	2	2		1	
C. N.	C. N.			Pignons dentés non métalliques	*Idem.*	3	3		1 de chaque type.	
C. N.	C. N.			Roulements et butées à billes	*Idem.*	4	4		*Idem.*	
C. N.	C. N.			Porte-frotteurs	*Idem.*	5	5		1 ligne (a).	
C. N.	C. N.			Ressorts pour porte-frotteurs	*Idem.*	6	6		1 ligne (a).	
C. N.	C. N.			Boulons, vis ou prisonniers des pièces démontables	*Idem.*	7	7		Matériel Machines.	
				MOTEURS DES GOUVERNAILS DE PLONGÉE (b)						
C. N.	C. N.			Coussinets ou douilles	*Idem.*	8	8		1 de chaque type.	
C. N.	C. N.			Induit complet avec arbre et collecteur	*Idem.*	9	9		1	
C. N.	C. N.			Pignons dentés non métalliques	*Idem.*	10	10		1 de chaque type.	
C. N.	C. N.			Roulements et butées à billes	*Idem.*	11	11		*Idem.*	
C. N.	C. N.			Porte-frotteurs	*Idem.*	12	12		1 ligne (a).	
C. N.	C. N.			Ressorts pour porte-frotteurs	*Idem.*	13	13		1 ligne (a).	
C. N.	C. N.			Boulons, vis ou prisonniers des pièces démontables	*Idem.*	14	14		Matériel Machines.	
				§ II. **MATÉRIEL D'ARMEMENT ET SES RECHANGES.**						
				[illegible]						
C. N.	C. N.	101		Clés de démontage des moteurs de gouvernails	Jeu.	15	15	Matériel Machines.		
C. N.	C. N.	101		Extracteurs de roulements et butées à billes des moteurs de gouvernails.	*Idem.*	16	16	1		

(a) La ligne comprend le nombre total de porte-frotteurs existant sur un moteur divisé par le nombre de pôles.

(b) Ces quantités sont délivrées pour chaque type d'appareil.

Lorsque les moteurs sont identiques, les quantités sont doublées s'il y a plus de deux appareils.

DIRECTIONS et services où s'opèrent : Les délivrances au 1er armement.	Les délivrances au réarmement, les 1res délivrances, les renouvellements et les réparations.	NUMÉROS D'ORDRE de la nomenclature. Par unité collective.	Par unité simple.	NOMENCLATURE DES OBJETS À FOURNIR.	ESPÈCES des unités.	REPÈRES.	REPÈRES.	BASES DES DÉLIVRANCES. ARMEMENT.	RECHANGES.	OBSERVATIONS.
1	2	3	4	5	6	7	8	9	10	11
				ARTICLE V.						
				MATÉRIEL RELATIF A LA MATURE.						
				§ I. — **RECHANGES DES INSTALLATIONS.**						
				MOTEUR POUR MANŒUVRE DES MATS.						(a) La ligne comprend le nombre total de porte-frotteurs existant sur un moteur divisé par le nombre de pôles.
C. N.	C. N.			Coussinets ou douilles	Nombre.	1	1		1 de chaque type.	
C. N.	C. N.			Induit complet avec arbre et collecteur	Idem.	2	2		1	
C. N.	C. N.			Pignons dentés non métalliques	Idem.	3	3		1 de chaque type.	
C. N.	C. N.			Roulements et butées à billes	Idem.	4	4		Idem.	
C. N.	C. N.			Porte-frotteurs	Idem.	5	5		1 ligne (a).	
C. N.	C. N.			Ressorts pour porte-frotteurs	Idem.	6	6		1 ligne (a).	
C. N.	C. N.			Boulons, vis ou prisonniers des pièces démontables	Idem.	7	7		Matériel Machines.	
				§ II. **MATÉRIEL D'ARMEMENT ET SES RECHANGES.**						
C. N.	C. N.	101		Clés de démontage des moteurs de manœuvre des mâts	Nombre.	8	8	Matériel Machines.		
C. N.	C. N.	101		Extracteurs de roulements et butées à billes des moteurs de manœuvre des mâts	Jeu.	9	9	1		

ARTICLE VII.

MATÉRIEL RELATIF AU FRIGORIGÈNE ET AUX CUISINES.

§ I. — RECHANGES DES INSTALLATIONS.

FRIGORIGÈNE.

Directions de service à terre où s'opèrent : Les délivrances en 1er armement.	Les délivrances au désarmement, les 1res délivrances, les renouvellements et les réparations.	Numéros d'ordre de la nomenclature : Par unité collective.	Par unité simple.	Nomenclature des objets à fournir.	Espèces des unités.	Repères.	Repères.	Bases des délivrances : Armement.	Rechanges.	Observations.
1	2	3	4	5	6	7	8	9	10	11
C. N.	C. N.			Coussinets ou douilles	Nombre.	1	1		1 de chaque type.	
C. N.	C. N.			Induit complet avec arbre et collecteur	Idem.	2	2		1	
C. N.	C. N.			Roulements et butées à billes	Idem.	3	3		1 de chaque type.	
C. N.	C. N.			Porte-frotteurs	Idem.	4	4		1 ligne (a).	
C. N.	C. N.			Ressorts pour porte-frotteurs	Idem.	5	5		1 ligne (a).	
C. N.	C. N.			Pignons dentés non métalliques	Idem.	6	6		1 de chaque type.	
C. N.	C. N.			Boulons, vis ou prisonniers des pièces démontables	Idem.	7	7		Matériel Machines.	
C. N.	C. N.			Bagues de graissage	Jeu.	8	8		1	

§ II. — MATÉRIEL D'ARMEMENT ET SES RECHANGES (b).

1	2	3	4	5	6	7	8	Armement et Rechanges : 41 à 50 h.	51 à 60 h.	61 à 70 h.	71 à 80 h.
C. N.	C. N.			Marmites électriques fonctionnant sous volts de : 30 litres	Nombre.	9	9	2	2	3	3
C. N.	C. N.			Marmites électriques fonctionnant sous volts de : 20 litres	Idem.	10	10	2	2	2	3
C. N.	C. N.			Marmites électriques fonctionnant sous volts de : 10 litres	Idem.	11	11	1	2	2	2
C. N.	C. N.			Marmites électriques fonctionnant sous volts de : 5 litres	Idem.	12	12	1	2	2	2
C. N.	C. N.			Poêle grand modèle	Idem.	13	13	1	1	1	1
C. N.	C. N.			Poêle moyen modèle	Idem.	14	14	»	1	1	2
C. N.	C. N.			Poêle petit modèle	Idem.	15	15	1	1	1	1
C. N.	C. N.			Four électrique à rôtir	Idem.	16	16	1	1	1	1
C. N.	C. N.			Corps de chauffe pour cuisine électrique (c)	Idem.	17	17	1 de chaque type.			
				Prise de courant étanche (partie mobile) avec câble de 2 m. 50 de long pour : marmites	Idem.	18	18	1 par marmite en place.			
				Prise de courant étanche (partie mobile) avec câble de 2 m. 50 de long pour : poêle	Idem.	19	19	1 par poêle en place.			
				Prise de courant étanche (partie mobile) avec câble de 2 m. 50 de long pour : four	Idem.	20	20	1			
C. N.	C. N.	101		Extracteur de roulements à billes pour frigorigène	Idem.	21	21	1			

(a) La ligne comprend le nombre total de porte-frotteurs existant sur un moteur, divisé par le nombre de pôles.

(b) Ces marmites et poêles à frire électriques ne seront délivrées qu'aux bâtiments ne possédant pas de cuisine électrique.

(c) Ne seront délivrés qu'aux bâtiments possédant des cuisines électriques.

DIRECTIONS du service à terre qui délivrent : Les délivrances au 1er armement.	Les délivrances en chargement : les 1res délivrances, les remplacements et les réparations.	NUMÉROS D'ORDRE de la nomenclature. Par unité collective.	Par unité simple.	NOMENCLATURE DES OBJETS À FOURNIR.	ESPÈCES des unités.	REPÈRES.	REPÈRES.	BASES DES DÉLIVRANCES. Armement.	Rechanges.	OBSERVATIONS.
1	2	3	4	5	6	7	8	9	10	11
				Article X.						(1) La ligne comprend le nombre total de porte-frotteurs existant sur un moteur, divisé par le nombre de pôles.
				MATÉRIEL RELATIF AU TUYAUTAGE D'EAU DES APPAREILS DE COQUE (ÉPUISEMENT, INCENDIE, DISTRIBUTION D'EAU SALÉE ET D'EAU DOUCE) AUX POMPES, AUX BOUILLEURS DE COQUE.						
				§ I. **RECHANGES DES INSTALLATIONS.**						
				POMPE CENTRIFUGE DE T^s^ (ÉPUISEMENT).						
C. N.	C. N.			Coussinets ou douilles	Nombre.	1	1		1 de chaque type.	
C. N.	C. N.			Induit complet avec arbre et collecteur	Idem.	2	2		1	
C. N.	C. N.			Roulements et butées à billes	Idem.	3	3		1 de chaque type.	
C. N.	C. N.			Porte-frotteurs	Idem.	4	4		1 ligne (1).	
C. N.	C. N.			Ressorts pour porte-frotteurs	Idem.	5	5		1 ligne (1).	
C. N.	C. N.			Boulons, vis ou prisonniers des pièces démontables	Idem.	6	6		Matériel Machines.	
				POMPE ÉLECTRIQUE À PISTON DE T^s^ (ASSÈCHEMENT).						
C. N.	C. N.			Coussinets ou douilles	Nombre.	7	7		1 de chaque type.	
C. N.	C. N.			Induit complet avec arbre, collecteur et manchon d'accouplement	Idem.	8	8		1	
C. N.	C. N.			Pignons dentés non métalliques	Idem.	9	9		1 de chaque type.	
C. N.	C. N.			Roulements et butées à billes	Idem.	10	10		1 de chaque type.	
C. N.	C. N.			Porte-frotteurs	Idem.	11	11		1 ligne (1).	
C. N.	C. N.			Ressorts pour porte-frotteurs	Idem.	12	12		1 ligne (1).	
C. N.	C. N.			Boulons, vis ou prisonniers des pièces démontables	Idem.	13	13		Matériel Machines.	
				TURBO-SOUFFLANTE (VIDANGE DES BALLASTS).						
C. N.	C. N.			Coussinets ou douilles	Nombre.	14	14		1 de chaque type.	
C. N.	C. N.			Roulements et butées à billes	Idem.	15	15		1 de chaque type.	
C. N.	C. N.			Porte-frotteurs	Idem.	16	16		1 ligne (1).	
C. N.	C. N.			Ressorts pour porte-frotteurs	Idem.	17	17		1 ligne (1).	
C. N.	C. N.			Boulons, vis ou prisonniers des pièces démontables	Idem.	18	18		1/20 du nombre en place.	
				§ II. **MATÉRIEL D'ARMEMENT ET SES RECHANGES.**						
C. N.	C. N.	101		Clés de démontage pour pompe centrifuge	Nombre.	19	19	Matériel Machines.		
C. N.	C. N.	101		Clés de démontage pour pompe électrique à piston	Idem.	20	20	Idem.		
C. N.	C. N.	101		Clés de démontage pour turbo-soufflante	Idem.	21	21	1		
C. N.	C. N.	101		Extracteurs de roulements et butées à billes : pour pompe centrifuge	Idem.	22	22	1		
C. N.	C. N.	101		Extracteurs de roulements et butées à billes : pour pompe électrique à piston	Idem.	23	23	1		
C. N.	C. N.	101		Extracteurs de roulements et butées à billes : pour turbo-soufflante	Idem.	24	24	1		

DIRECTIONS [illegible] : Les délivrances en 1er armement.	DIRECTIONS [illegible] : Les délivrances en remplacement, les 1res délivrances, les renouvellements et les réparations.	NUMÉROS D'ORDRE de la [illegible] : Par unité collective.	NUMÉROS D'ORDRE de la [illegible] : Par unité simple.	NOMENCLATURE DES OBJETS À FOURNIR.	ESPÈCES des unités.	REPÈRES.	REPÈRES.	BASES DES DÉLIVRANCES : ARMEMENT.	BASES DES DÉLIVRANCES : ENTRETIEN.	OBSERVATIONS.
1	2	3	4	5	6	7	8	9	10	11
				ARTICLE XI.						
				MATÉRIEL RELATIF AU TUYAUTAGE D'HUILE SOUS PRESSION, AU TUYAUTAGE D'AIR COMPRIMÉ, AUX POMPES À HUILE ET AUX COMPRESSEURS.						
				§ I. **RECHANGES DES INSTALLATIONS.**						
				MOTEUR POUR COMPRESSEUR D'AIR DE LITRES.						
C. N.	C. N.			Coussinets ou douilles	Nombre.	1	1		1 de chaque type.	
C. N.	C. N.			Induit complet avec arbre et collecteur	Idem.	2	2		1	
C. N.	C. N.			Pignons dentés non métalliques	Idem.	3	3		1 de chaque type.	
C. N.	C. N.			Roulements et butées à billes	Idem.	4	4		1 de chaque type.	
C. N.	C. N.			Porte-frotteurs	Idem.	5	5		1 ligne (A).	
C. N.	C. N.			Ressorts pour porte-frotteurs	Idem.	6	6		1 ligne (A).	
C. N.	C. N.			Boulons, vis ou prisonniers des pièces démontables	Idem.	7	7		Matériel Machines.	
				MOTEURS POUR ACCUMULATION D'HUILE SOUS PRESSION.						
C. N.	C. N.			Coussinets ou douilles	Nombre.	8	8		1	
C. N.	C. N.			Induit complet avec arbre et collecteur	Idem.	9	9		1 de chaque type.	
C. N.	C. N.			Pignons dentés non métalliques	Idem.	10	10		1 de chaque type.	
C. N.	C. N.			Roulements et butées à billes	Idem.	11	11		1 ligne (A).	
C. N.	C. N.			Porte-frotteurs	Idem.	12	12		1 ligne (A).	
C. N.	C. N.			Ressorts pour porte-frotteurs	Idem.	13	13		Matériel Machines.	
C. N.	C. N.			Boulons, vis ou prisonniers des pièces démontables	Idem.	14	14			
				§ II. — **MATÉRIEL D'ARMEMENT ET SES RECHANGES.**						
C. N.	C. N.	101		Clés de démontage : pour moteurs électriques des compresseurs d'air	Jeu	15	15	Matériel Machines.		
C. N.	C. N.	101		Clés de démontage : pour moteurs électriques des appareils de production et accumulation d'huile sous-pression	Idem.	16	16	Idem.		
C. N.	C. N.	101		Extracteurs de roulements et butées à billes : pour moteurs électriques des compresseurs d'air	Idem.	17	17	1		
C. N.	C. N.	101		Extracteurs de roulements et butées à billes : pour moteurs électriques des appareils de production et accumulation d'huile sous-pression	Idem.	18	18	1		

(A) La ligne comprend le nombre total de porte-frotteurs existant sur un moteur, divisé par le nombre de pôles.

Directions ou services à terre qui effectuent : Les délivrances du 1er armement.	Les délivrances en remplacement, les 2e délivrances, les renouvellements et les réparations.	Numéros d'ordre de la nomenclature. Par unité collective.	Par unité simple.	Nomenclature des objets à fournir.	Espèces des unités.	Repères.	Repères.	Bases des délivrances. [illegible]	[illegible]	Observations.
1	2	3	4	5	6	7	8	9	10	11
				Article XIII. MATÉRIEL RELATIF À LA VENTILATION ET AU CHAUFFAGE. § I. — **RECHANGES DES INSTALLATIONS.** VENTILATEURS DE ... (AIR FRAIS OU VICIÉ). (a)						(a) Ces rechanges sont prévues pour [illegible] appareil, pour deux appareils identiques, ils seront doublés pour plus de deux appareils. (b) La ligne comprend le nombre total de porte-frotteurs existant sur un moteur, divisé par le nombre de pôles. (c) Avec minimum de 1 de chaque type. (d) Cette quantité sera doublée si le nombre des ventilateurs de chaque type est supérieur à 4. (e) 1 jeu se compose des éléments complets équipant un radiateur. (f) 1 par chambre d'officier ou de maître. 1 par carré. 1 par poste de maîtres ou seconds maîtres.
C. N.	C. N.			Coussinets ou douilles	Nombre.	1	1		1 de chaque type.	
C. N.	C. N.			Induit complet avec arbre et collecteur	*Idem.*	2	2		1	
C. N.	C. N.			Roulements et butées à billes	*Idem.*	3	3		1 de chaque type.	
C. N.	C. N.			Porte-frotteurs	*Idem.*	4	4		1 ligne (b).	
C. N.	C. N.			Ressorts pour porte-frotteurs	*Idem.*	5	5		1 ligne (b).	
C. N.	C. N.			Boulons, vis ou prisonniers des pièces démontables	*Idem.*	6	6		1/20 du nombre en place (c).	
C. N.	C. N.			Bisques à ailettes, pas à gauche	*Idem.*	7	7		1 de chaque type (d).	
C. N.	C. N.			Bisques à ailettes, pas à droite	*Idem.*	8	8		*Idem.*	
				RADIATEURS ÉLECTRIQUES.						
C. N.	C. N.			Jeux d'éléments chauffants pour radiateurs à ... volts de ... watts	*Idem.*	9	9		2 pour 3 radiateurs (e).	
				§ II. — **MATÉRIEL D'ARMEMENT ET SES RECHANGES.**						
C. N.	C. N.	65	702	Ventilateurs portatifs d'appartement sur pied	Nombre.	10	10	(f)		
C. N.	C. N.	65	706	Fiches mobiles pour prises de courant étanches pour ventilateurs portatifs.	*Idem.*	11	11	1 par ventilateur.		
C. N.	C. N.	60	120	Câbles doubles souples à section circulaire sous tresse à 2 conducteurs de 16 fils 5/10 en cuivre et 1 faux conducteur de suspension en câble d'acier zingué de 2 millimètres carrés de section pour ventilateurs portatifs	Mètre.	12	12	3 m. par ventilateur.		
C. N.	C. N.	101		Clés de démontage pour ventilateurs fixes	Jeu.	13	13	1		
C. N.	C. N.	101		Extracteurs de roulements et butées à billes pour ventilateurs fixes	*Idem.*	14	14	1		

Directions de service à verser et d'opérer : Les délivrances au 1er armement.	Les délivrances en réarmement; les 1res délivrances; les renouvellements et les réparations.	Numéros d'ordre de la nomenclature : Par unité collective.	Par unité simple.	Nomenclature des objets à fournir.	Espèces des unités.	Repères.	Repères.	Bases des délivrances : [illegible]	[illegible]	Observations.
1	2	3	4	5	6	7	8	9	10	11
				Article XIV. **MATÉRIEL RELATIF A L'INSTALLATION GÉNÉRALE ÉLECTRIQUE ET A L'ÉCLAIRAGE.**						
				§ 1. — **RECHANGES DES INSTALLATIONS.**						
				CONDUCTEURS.						
C. N.	C. N.	60		Câble armé à un seul conducteur : de millimètres carrés de section pour dérivation des tableaux aux lampes	Mètre.	1	1		(a)	
C. N.	C. N.	60		Câble armé à un seul conducteur : de millimètres carrés de section pour alimentation des tableaux d'éclairage et d'indicateurs lumineux	*Idem.*	3	3		(b)	
C. N.	C. N.	60		Câble armé à un seul conducteur : de millimètres carrés de section pour les appareils auxiliaires	*Idem.*	4	4		2	
C. N.	C. N.	60	101	Câble multiple normal armé à 3 conducteurs	*Idem.*	4	4		(c)	
				APPAREILLAGE ÉLECTRIQUE.						
C. N.	C. N.	61		Fusibles à lames	Nombre.	5	5		La quantité en place.	
C. N.	C. N.			Fusibles à grilles	*Idem.*	6	6		*Idem.*	
C. N.	C. N.			Bouchons fusibles Gardy	*Idem.*	7	7		*Idem.*	
C. N.	C. N.			Clefs de serrage pour fusibles à lames	*Idem.*	8	8	4.		
C. N.	C. N.			Ressorts pour indicateurs lumineux	*Idem.*	9	9		1/5 de chaque type en place avec 1 au minimum.	
C. N.	C. N.			Interrupteurs bipolaires	*Idem.*	10	10		1 de chaque type.	
C. N.	C. N.			Interrupteurs unipolaires doubles	*Idem.*	11	11		*Idem.*	
C. N.	C. N.	61	3388	Interrupteurs unipolaires Modèle 1925, pour 4 ampères	*Idem.*	12	12		1/40 du nombre de place.	
C. N.	C. N.	61	3410	Interrupteurs unipolaires à 2 directions Modèle 1925, pour 4 ampères.	*Idem.*	13	13		*Idem.*	
C. N.	C. N.	61		Prises de courant à fiche mobile	*Idem.*	14	14		2	
C. N.	C. N.	90		Bagues en caoutchouc pour presse-étoupes des boîtes de jonction pour : 1 à 7 conducteurs	*Idem.*	15	15		1/40 du nombre en place.	
C. N.	A. F.	90		Bagues en caoutchouc pour presse-étoupes des boîtes de jonction pour : 12 conducteurs	*Idem.*	16	16		1	
C. N.	A. F.	90		Bagues en caoutchouc pour presse-étoupes des boîtes de jonction pour : 19 conducteurs	*Idem.*	17	17		1	
C. N.	A. F.	90		Bagues en caoutchouc pour presse-étoupes des boîtes de jonction pour : 37 conducteurs	*Idem.*	18	18		1	
C. N.	A. F.	90		Bandes en caoutchouc à section trapézoïdale pour : Boîtes de charge des accumulateurs par l'extérieur.	*Idem.*	19	19		1	
C. N.	A. F.	90		Bandes en caoutchouc à section trapézoïdale pour : Prises de courant étanches	*Idem.*	20	20		1	
C. N.	A. F.	90		Bandes en caoutchouc à section trapézoïdale pour : Tableaux d'éclairage, boîtes de fusibles, boîtes de jonction des appareils de conduite du tir	*Idem.*	21	21		2 (e).	
C. N.	A. F.	90		Bandes en cuir pour boîtes de jonction étanches	*Idem.*	22	22		2 (e).	
C. N.	A. F.			Étiquettes imprimées, en cellophane pour indicateurs lumineux	Jeu.	23	23		1 (d).	
C. N.	C. N.	61		Bouchons pour fusibles à cartouches de : 0 à 6 ampères	Nombre.	24	24		1/5 du nombre en place. (f)	
				Bouchons pour fusibles à cartouches de : au-dessus de 6 ampères	*Idem.*	25	25		1/20 du nombre en place. (f)	
C. N.	C. N.	61		Cartouches pour fusibles : de 0 à 6 ampères	*Idem*	26	26		2 fois le nombre en place. (e)	
C. N.	C. N.	61		Cartouches pour fusibles : de 7 à 75 ampères	*Idem.*	27	27		Le nombre en place. (e)	
C. N.	C. N.	61		Cartouches pour fusibles : de 80 à 345 ampères	*Idem.*	28	28		1 fois 1/2 le nombre en place. (e)	
C. N.	C. N.	61		Cartouches pour fusibles : de 350 et au-dessus	*Idem.*	29	29		2 fois le nombre en place. (e)	
C. N.	A. F.			Rondelles en caoutchouc pour pipes d'entrée de câble	*Idem.*	30	30		1/40 du nombre en place.	
C. N.	C. N.			Embases fixes pour cartouches Granet : de 3 ampères	*Idem.*	31	31		1/50 du nombre en place. (g)	
C. N.	C. N.			Embases fixes pour cartouches Granet : de 5 à 500 ampères	*Idem.*	32	32		1 de chaque type.	
C. N.	C. N.	61	3400	Bouton de sonnerie Modèle 1925	*Idem.*	33	33		1	
C. N.	C. N.	61	3455	Poire de sonnerie Modèle 1925	*Idem.*	34	34		1	
C. N.	C. N.			Contacts en cuivre pour interrupteurs de bouts de course	*Idem.*	35	35		La quantité en place.	

Observations :

(a) 100 aux sous-marins de 1re classe; 90 aux sous-marins de 2e classe.
(b) 50 aux sous-marins de 1re classe; 40 aux sous-marins de 2e classe.
(c) 4 aux sous-marins de 1re classe.
(d) Le jeu comprend toutes les étiquettes en place.
(e) Avec minimum de 2 de chaque type.
(f) Avec minimum de 3 de chaque type.
(g) Avec minimum de 1 de chaque type.

DIRECTIONS [illegible]		NUMÉROS D'ORDRE de la [illegible]		NOMENCLATURE DES OBJETS À FOURNIR.	ESPÈCES des unités.	REPÈRES.		REPÈRES.	DATES DES DÉLIVRANCES.		OBSERVATIONS.
Les délivrances en 1er armement.	Les délivrances en remplacement; les 1res délivrances, les renouvellements et les réparations.	Par unité collective.	Par unité simple.						[illegible]	[illegible]	
1	2	3	4	5	6	7		8	9	10	11

DIRECTIONS [illegible] : Les délivrances au 1er armement.	Les délivrances au réarmement; les 1res délivrances; les renouvellements et les réparations.	NUMÉROS D'ORDRE de la nomenclature. Par unité collective.	Par unité simple.	NOMENCLATURE DES OBJETS À FOURNIR.	ESPÈCES des unités.	REPÈRES.	REPÈRES.	BASES DES DÉLIVRANCES. ARMEMENT.	RECHANGES.	OBSERVATIONS.
1	2	3	4	5	6	7	8	9	10	11
				§ II. — MATÉRIEL D'ARMEMENT ET SES RECHANGES.						
				ÉCLAIRAGE ÉLECTRIQUE INTÉRIEUR.						
C. N.	A. F.	61		Douilles à baïonnette	Nombre.	1	1		1/60 du nombre en place (e).	(a) Le nombre suivant les installations. (b) 1 pour le carré, plus 1 par chambre d'officier. (c) 1 pour le poste des maîtres, plus 1 par chambre de maître. (d) 1 par tranche comprise entre les cloisons étanches de surface; en plus 8 aux sous-marins de 1re classe et mouilleurs de mines de plus de 700 tonneaux. 4 aux sous-marins de 2e classe et mouilleurs de mines de moins de 700 tonneaux. (e) Dans le calcul des douilles de rechange à délivrer, on fera entrer les appareils de l'éclairage intérieur et de l'éclairage extérieur.
C. N.	A. F.	62	740	Lanternes à cloche mobiles avec cloche en verre clair	*Idem.*	2	2	(a)		
C. N.	A. F.	62	750	Lanternes portatives avec coupe en verre clair	*Idem.*	3	3	(a)		
C. N.	A. F.	62	1129	Lampes mobiles, modèle 1914 sans verrerie	*Idem.*	4	4	(a)		
C. N.	A. F.	62	803	Cloches en verre clair — pour lanternes à cloche	*Idem.*	5	5		1/20 du nombre en place.	
C. N.	A. F.	62	812	Cloches en verre clair — pour lanternes portatives	*Idem.*	6	6		*Idem.*	
C. N.	A. F.	62	810	Coupes en verre clair — pour lanternes d'applique	*Idem.*	7	7		*Idem.*	
C. N.	A. F.	62	819	Coupes en verre clair — pour lanternes de muraille de soute à poudre	*Idem.*	8	8		*Idem.*	
C. N.	A. F.	62	808	Rondelles en caoutchouc pour lanterne à cloche — (joint côté corps)	*Idem.*	9	9		1/20 du nombre en place.	
C. N.	A. F.	62	809	Rondelles en caoutchouc pour lanterne à cloche — (joint côté écrou)	*Idem.*	10	10		*Idem.*	
C. N.	A. F.	62	811	Rondelles en caoutchouc pour lanternes d'applique (joint de porte)	*Idem.*	11	11		*Idem.*	
C. N.	A. F.	62	820	Rondelles en cuir pour lanterne de muraille de soute à poudre	*Idem.*	12	12		*Idem.*	
C. N.	A. F.	62	1130	Œuf orné pour plafonnier	*Idem.*	13	13		*Idem.*	
C. N.	A. F.	62	1131	Œuf simple	*Idem.*	14	14		*Idem.*	
C. N.	A. F.	262	1132	Tulipe opale ornée	*Idem.*	15	15	(b)	1	
C. N.	A. F.	262	1133	Tulipe opale simple	*Idem.*	16	16	(c)	1	
C. N.	A. F.	62	1134	Bagues en caoutchouc — pour œuf	*Idem.*	17	17	1 par œuf.	1/20 du nombre en place.	
C. N.	A. F.	62	1135	Bagues en caoutchouc — pour tulipe	*Idem.*	18	18	1 par tulipe.	*Idem.*	
C. N.	C. N.	65	150	Fanaux électriques indépendants à accumulateurs (complets)	*Idem.*	19	19	(d)		
C. N.	C. N.	65	208	Boîte complète d'accessoires pour entretien des fanaux électriques indépendants à accumulateurs comprenant : 1 pipette fine, 1 densimètre ou pèse-acide petit modèle, 1 éprouvette étroite	*Idem.*	20	20	1		
C. N.	C. N.	65	152	Plaques positive et négative constituant un élément assemblé (sans bac) pour fanal électrique indépendant à accumulateurs	*Idem.*	21	21		1	
C. N.	C. N.	65	154	Bac en ébonite avec couvercle pour fanaux électriques indépendants à accumulateurs	*Idem.*	22	22		1	
C. N.	C. N.	60		Câble souple avec tube caoutchouté Pass pour fanaux électriques indépendants à accumulateurs	Mètre.	23	23		5	
C. N.	A. F.	60	101	Câble multiple normal sous-tresse à 7 conducteurs de 16 fils 4/10 pour répétiteur du compas	*Idem.*	24	24	La quantité nécessaire.		
C. N.	C. N.			Tape pour prise de courant étanche — à contacts	Nombre.	25	25	Suivant les installations.		
C. N.	C. N.			Tape pour prise de courant étanche — à contacts	*Idem.*	26	26	*Idem.*		
C. N.	C. N.	60	200	Câble double souple à section circulaire de 10 mètres de longueur pour lanternes portatives des compartiments des accumulateurs	*Idem.*	27	27	1 par lanterne.	2	
C. N.	C. N.			avec Fiche mobile de prise de courant étanche	*Idem.*	28	28	*Idem.*		
C. N.	C. N.	60	200	Câble double souple à section circulaire de 5 mètres de longueur pour lanternes portatives placées en dehors des compartiments des accumulateurs	*Idem.*	29	29	1 par lanterne.		
C. N.	C. N.			avec Fiche mobile de prise de courant étanche	*Idem.*	30	30	*Idem.*		
C. N.	C. N.	60	220	Câble torsadé très souple à 2 conducteurs pour lampe d'appartement (600 mégohms)	Mètre.	31	31	Quantité nécessaire suivant les installations.	20	
C. N.	C. N.	60		Câble torsadé très souple, à 2 conducteurs pour lampes tubes	*Idem.*	32	32	20 m. par lampe.		
C. N.	C. N.			avec Fiche mobile de prise de courant étanche type Grenat	Nombre.	33	33	4		

[illegible]		NUMÉROS D'ORDRE de la nomenclature.		NOMENCLATURE DES OBJETS À FOURNIR.	ESPÈCES des unités.	REPÈRES.	REPÈRES.	BASES DES DÉLIVRANCES.		OBSERVATIONS.
[illegible]	[illegible]	Par unité collective.	Par unité simple.					[illegible]	[illegible]	
1	2	3	4	5	6	7	8	9	10	11

Directions et services à charge où s'opèrent : Les délivrances en 1er armement.	Les délivrances en remplacement; les 1res délivrances; les renouvellements et les réparations.	Numéros d'ordre de la nomenclature : Par unité collective.	Par unité simple.	Nomenclature des objets à fournir.	Espèces des unités.	Repères.	Repères.	Bases des délivrances : [illegible]	[illegible]	Observations.
1	2	3	4	5	6	7	8	9	10	11
				ÉCLAIRAGE ÉLECTRIQUE EXTÉRIEUR.						
C. N.	A. F.	62	788	Fanal à cloche, simple, sans cloche, pour feux de mouillage AV et AR...	Nombre.	1	1	2		
C. N.	A. F.	62	789	Cloches en verre clair pour feux de mouillage	Idem.	2	2	2	1	
C. N.	A. F.	62	766	Fanal de route électrique, petit modèle blanc, de tête de mât	Idem.	3	3	1		
C. N.	A. F.	62	866	Fanal de route petit modèle : optique moulée de 225°	Idem.	4	4		1	
C. N.	A. F.	63	867	Fanal de route petit modèle : bande de fixation de l'optique de 225°.	Idem.	5	5		1	
C. N.	A. F.	62	869	Fanal de route petit modèle : vis de fixation d'optique avec écrou	Idem.	6	6		1	
C. N.	C. N.	62		Fanal discret portatif à pied	Idem.	7	7	1		
C. N.	C. N.	62		Fanal portatif de signalisation à accumulateurs, genre lampe de poche, d'une portée d'environ 1 mille 5	Idem.	8	8	1		
C. N.	C. N.	62		Projecteur de signalisation	Idem.	9	9	1		
C. N.	A. F.	62		Lampe de poche pour l'éclairage discret des appareils de navigation...	Idem.	10	10	1 par officier.		
C. N.	A. F.	62	873	Feux de navigation : Optique moulée de 360°	Idem.	11	11		2	
C. N.	A. F.	62	871	Feux de navigation : Verre cintré vert	Idem.	12	12		1	
C. N.	A. F.	62	872	Feux de navigation : Verre cintré rouge	Idem.	13	13		1	
C. N.	A. F.	62		Feux de navigation : Verre cintré bleu 40° (fanal de poupe ratière)	Idem.	14	14		1	
C. N.	A. F.	62		Feux de navigation : Coupes en verre clair pour feux de navigation	Idem.	15	15		4	
C. N.	A. F.	62		Feux de navigation : Rondelles en caoutchouc pour coupes en verre clair : joint supérieur	Idem.	16	16		4	
C. N.	A. F.	62		Feux de navigation : Rondelles en caoutchouc pour coupes en verre clair : joint inférieur	Idem.	17	17		4	
C. N.	A. F.	60	103	Câble multiple normal sous-tresse à 3 conducteurs pour feux extérieurs..	Mètre.	18	18	Quantité nécessaire suivant les installations.		
C. N.	C. N.			avec Fiche mobile de prise de courant étanche	Nombre.	19	19	Idem.		
C. N.	C. N.	60		Câble multiple normal non armé à conducteurs de millimètres carrés de section pour projecteur de signalisation	Mètre.	20	20	Quantité nécessaire suivant les installations.		
C. N.	A. F.			avec Fiche de prise de courant étanche type Grenat	Nombre.	21	21	1	1	
C. N.	A. F.			Glace pour fanal étanche pour sas de scaphandre	Nombre.	22	22		1	
C. N.	A. F.			Joints en caoutchouc pour fanal étanche du sas de scaphandre	Jeu.	23	23			

Directions de service à fournir et s'opèrent : Les délivrances de 1er armement.	Les délivrances en réarmement; les 1res délivrances; les renouvellements et les réparations.	Numéros d'ordre de la nomenclature : Par unité collective.	Par unité simple.	Nomenclature des objets à fournir.	Espèces des unités.	Repères.	Repères.	Bases des délivrances : Armement.	[illegible]	Observations.
1	2	3	4	5	6	7	8	9	10	11
				OUTILLAGE POUR LE MATÉRIEL ÉLECTRIQUE.						
C. N.	A. F.	101	210 à 213	Burins à métaux : façon ciseau	Nombre.	1	1	2		
C. N.	A. F.	101	200 à 203	Burins à métaux : façon bec d'âne	Idem.	2	2	2		
C. N.	A. F.	101	3531	Clé à molette : de 20 n° 1	Idem.	3	3	1		
C. N.	A. F.	101	3533	Clé à molette : de 40 n° 5	Idem.	4	4	1		
C. N.	A. F.	101	3536	Clé à molette : de 60 n° 8	Idem.	5	5	1		
C. N.	A. F.	101	3520	Clé à marteau, dite à l'anglaise, double de 30 centimètres	Idem.	6	6	1		
C. N.	A. F.	101	3135	Coussinets en acier fondu pour filière pour machine S. L. : de 2 millimètres	Paire.	7	7	1		
C. N.	A. F.	101	3137	Coussinets en acier fondu pour filière pour machine S. L. : de 3 millimètres	Idem.	8	8	1		
C. N.	A. F.	101	3139	Coussinets en acier fondu pour filière pour machine S. L. : de 4 millimètres	Idem.	9	9	1		
C. N.	A. F.	101	3141	Coussinets en acier fondu pour filière pour machine S. L. : de 5 millimètres	Idem.	10	10	1		
C. N.	A. F.	101	3143	Coussinets en acier fondu pour filière pour machine S. L. : de 6 millimètres	Idem.	11	11	1		
C. N.	A. F.	101	3144	Coussinets en acier fondu pour filière pour machine S. L. : de 7 millimètres	Idem.	12	12	1		
C. N.	A. F.	101	3145	Coussinets en acier fondu pour filière pour machine S. L. : de 8 millimètres	Idem.	13	13	1		
C. N.	A. F.	101	2450	Tourne à gauche ordinaire à 3 trous pour tarauds : 2 à 4 millimètres	Nombre.	14	14	1		
C. N.	A. F.	101	2451	Tourne à gauche ordinaire à 3 trous pour tarauds : 4 à 6 millimètres	Idem.	15	15	1		
C. N.	A. F.	101	2452	Tourne à gauche ordinaire à 3 trous pour tarauds : 6 à 12 millimètres	Idem.	15 b	15 b	1		
C. N.	A. F.	101	2321	Étau à mors parallèle de 100 millimètres de largeur de mors	Idem.	16	16	1		
C. N.	A. F.	101	2316	Étau à main moyen, de 16 centimètres de longueur	Idem.	17	17	1		
C. N.	C. N.	55	2010	Fer à souder électrique	Idem.	18	18	1		
C. N.	C. N.			avec Fiche et 2 mètres de fil	Idem.	19	19	1		
C. N.	A. F.	101	943	Fer à souder pour ferblantier : de 0 kilogr. 800 n° 4	Idem.	20	20	1		
C. N.	A. F.	101	945	Fer à souder pour ferblantier : de 0 kilogr. 300 n° 5	Idem.	21	21	1		
C. N.	A. F.	101	2430	Filière pour coussinets, non munie de coussinets : pour coussinets de 2 à 5,5	Idem.	22	22	1		
C. N.	A. F.	101	2431	Filière pour coussinets, non munie de coussinets : pour coussinets de 6 à 12	Idem.	23	23	1		
C. N.	A. F.	101	216	Ciseau à bois force courante	Idem.	24	24	1		
C. N.	A. F.	101	682	Marteau rivoir de 0 kilogr. 900	Idem.	25	25	1		
C. N.	A. F.	101	1466	Forets hélicoïdaux à emmanchements cylindrique, série courte acier fondu de : 2 millimètres	Idem.	26	26	2		
C. N.	A. F.	101	1475	Forets hélicoïdaux à emmanchements cylindrique, série courte acier fondu de : 3 millimètres	Idem.	27	27	2		
C. N.	A. F.	101	1485	Forets hélicoïdaux à emmanchements cylindrique, série courte acier fondu de : 4 millimètres	Idem.	28	28	2		
C. N.	A. F.	101	1493	Forets hélicoïdaux à emmanchements cylindrique, série courte acier fondu de : 5 millimètres	Idem.	29	29	2		
C. N.	A. F.	101	1498	Forets hélicoïdaux à emmanchements cylindrique, série courte acier fondu de : 6 millimètres	Idem.	30	30	2		
C. N.	A. F.	101	1504	Forets hélicoïdaux à emmanchements cylindrique, série courte acier fondu de : 7 millimètres	Idem.	31	31	1		
C. N.	A. F.	101	1506	Forets hélicoïdaux à emmanchements cylindrique, série courte acier fondu de : 8 millimètres	Idem.	32	32	1		
C. N.	A. F.	101	1508	Forets hélicoïdaux à emmanchements cylindrique, série courte acier fondu de : 9 millimètres	Idem.	33	33	1		
C. N.	A. F.	101	1510	Forets hélicoïdaux à emmanchements cylindrique, série courte acier fondu de : 10 millimètres	Idem.	34	34	1		
C. N.	A. F.	101	5266	Limes en acier fondu : de 25 centimètres : plate, 1/2 douce à main	Idem.	35	35	1		
C. N.	A. F.	101	5254	Limes en acier fondu : de 25 centimètres : ronde 1/2 douce	Idem.	36	36	1		
C. N.	A. F.	101	5257	Limes en acier fondu : de 25 centimètres : 1/2 ronde, 1/2 douce	Idem.	37	37	1		
C. N.	A. F.	101	5261	Limes en acier fondu : de 25 centimètres : triangulaire douce	Idem.	38	38	1		
C. N.	A. F.	101	5263	Limes en acier fondu : de 25 centimètres : quadrangulaire 1/2 douce	Idem.	39	39	1		

DIRECTIONS [illegible] — Les délivrances du 1er armement.	DIRECTIONS [illegible] — Les délivrances au réarmement; les 1res délivrances; les renouvellements et les réparations.	NUMÉROS D'ORDRE de la nomenclature — Par unité collective.	NUMÉROS D'ORDRE de la nomenclature — Par unité simple.	NOMENCLATURE DES OBJETS À FOURNIR.	ESPÈCES des unités.	REPÈRES.	REPÈRES.	BASES DES DÉLIVRANCES. — [illegible]	BASES DES DÉLIVRANCES. — [illegible]	OBSERVATIONS.
1	2	3	4	5	6	7	8	9	10	11
				OUTILLAGE POUR LE MATÉRIEL ÉLECTRIQUE. (Suite.)						
C. N.	A. F.	101	5152	Limes en acier fondu de 15 centimètres, plate, douce, pointue	Nombre.	1	1	1		
C. N.	A. F.	101	5156	Limes en acier fondu de 15 centimètres, 1/2 ronde, douce	Idem.	2	2	1		
C. N.	A. F.	101	5155	Limes en acier fondu de 15 centimètres, ronde, douce	Idem.	3	3	1		
C. N.	A. F.	101	5180	Limes en acier fondu de 15 centimètres, triangulaire, 1/2 douce	Idem.	4	4	1		
C. N.	A. F.	101	251	Lames de scie à métaux ne pouvant pas être affûtées, de neuf dents au centimètre	Idem.	5	5	6		
C. N.	A. F.	101	680	Marteau dit rivoir de 0 kilogr. 400	Idem.	6	6	1		
C. N.	A. F.	101	690	Marteau de tôlier à panne et à tête circulaire de 1 kilogr. 370	Idem.	7	7	1		
C. N.	A. F.	101	7190	Mètre en cuivre pliant	Idem.	8	8	1		
C. N.	A. F.	101	4012	Manches de marteau de 40 centimètres	Idem.	9	9	2		
C. N.	A. F.	101	4022	Manches de limes avec virole de 0,12	Idem.	10	10	2		
C. N.	A. F.	101	262	Monture pour lames de scie à métaux ordinaire de 0,30 de longueur.	Idem.	11	11	1		
C. N.	A. F.	101	2253	Pinces universelle de 160 millimètres	Idem.	12	12	3		
C. N.	A. F.	101	2220	Pince à couper par le côté de 100 millimètres	Idem.	13	13	1		
C. N.	A. F.	101	2206	Becs à corbin ou pinces très fines, rondes, de 13 centimètres de longueur	Idem.	14	14	1		
C. N.	A. F.	101	2208	Becs à corbin ou pinces très fines, rondes, de 18 centimètres de longueur	Idem.	15	15	1		
C. N.	A. F.	101	2203	Becs à corbin ou pinces très fines, plates, de 13 centimètres de longueur	Idem.	16	16	2		
C. N.	A. F.	101	2207	Becs à corbin ou pinces très fines, plates, de 16 centimètres de longueur	Idem.	17	17	2		
C. N.	A. F.	101	2226	Pinces à couper par le devant de 120 millimètres de longueur	Idem.	18	18	2		
C. N.	A. F.	101	2227	Pinces à couper par le devant de 160 millimètres de longueur	Idem.	19	19	2		
C. N.	A. F.	100	5010	Râpe à bois ronde, de 250 millimètres	Idem.	20	20	1		
C. N.	A. F.	100	5004	Râpe à bois en acier fondu à piqûre, moyenne de 35 centimètres demi-ronde	Idem.	21	21	1		
C. N.	A. F.	101	2536 à 2538	Tarauds à main en acier fondu pour trous borgnes de 2 millimètres (n° 1-2-3)	Jeu.	22	22	1		
C. N.	A. F.	101	2542 à 2544	Tarauds à main en acier fondu pour trous borgnes de 3 millimètres (n° 1-2-3)	Idem.	23	23	1		
C. N.	A. F.	101	2548 à 2550	Tarauds à main en acier fondu pour trous borgnes de 4 millimètres (n° 1-2-3)	Idem.	24	24	1		
C. N.	A. F.	101	2564 à 2566	Tarauds à main en acier fondu pour trous borgnes de 5 millimètres (n° 1-2-3)	Idem.	25	25	1		
C. N.	A. F.	101	2523 2535	Tarauds à main en acier fondu pour trous borgnes de 5 millimètres (n° 1-2-3)	Idem.	26	26	1		
C. N.	A. F.	101	2626 à 2628	Tarauds à main en acier fondu pour trous borgnes de 7 millimètres (n° 1-2-3)	Idem.	27	27	1		
C. N.	A. F.	101	2629 à 2631	Tarauds à main en acier fondu pour trous borgnes de 8 millimètres (n° 1-2-3)	Idem.	28	28	1		
C. N.	A. F.	101	9086	Tournevis à manche de frêne ou de noyer de 6 millimètres	Nombre.	29	29	1		
C. N.	A. F.	101	9088	Tournevis à manche de frêne ou de noyer de 8 millimètres	Idem.	30	30	1		
C. N.	A. F.	101	9092	Tournevis à manche de frêne ou de noyer de 12 millimètres	Idem.	31	31	1		
C. N.	A. F.	101	4100	Vilebrequin à engrenages à mandrin universel	Idem.	32	32	1		
C. N.	A. F.	62	749	Clés triangulaires pour lanternes d'applique	Idem.	33	33	4		
C. N.	A. F.	92	4180	Lunettes à gros yeux	Idem.	34	34	2		

DIRECTIONS [illegible]		NUMÉROS D'ORDRE de la [illegible]		NOMENCLATURE DES OBJETS À FOURNIR.	ESPÈCES des unités.	REPÈRES.	REPÈRES.	BASES DES DÉLIVRANCES.		OBSERVATIONS.
Les délivrances [illegible]	Les délivrances [illegible] et les réparations.	Par unité collective.	Par unité simple.					[illegible]	[illegible]	
1	2	3	4	5	6	7	8	9	10	11

DIRECTIONS ou services à terre qui s'opèrent :		NUMÉROS D'ORDRE de la nomenclature.		NOMENCLATURE DES OBJETS À FOURNIR.	ESPÈCES des unités.	REPÈRES.	REPÈRES.	BASES DES DÉLIVRANCES.		OBSERVATIONS.
Les délivrances au 1er armement.	Les délivrances au réarmement, les 1res délivrances, les renouvellements et les réparations.	Par unité collective.	Par unité simple.					ARMEMENT.	RECHANGES.	
1	2	3	4	5	6	7	8	9	10	11
				INSTRUMENTS ET OBJETS DIVERS.						
C. N.	C. N.	63	6	Ampèremètre portatif gradué de 0 à 100	Nombre.	1	1	1		(A) Aux sous-marins de 1re classe.
C. N.	C. N.	63	20	Shunts pour ampèremètres portatifs de 2 ampères	*Idem.*	2	2	1		(B) Pour le compartiment des moteurs électriques.
C. N.	C. N.	63	21	Shunts pour ampèremètres portatifs de 10 ampères	*Idem.*	3	3	1		
C. N.	C. N.	63	25	Shunts pour ampèremètres portatifs de 50 ampères	*Idem.*	4	4	1		
C. N.	C. N.	63	26	Shunts pour ampèremètres portatifs de 100 ampères	*Idem.*	5	5	1		
C. N.	C. N.	63		Shunts pour ampèremètres portatifs de 500 ampères	*Idem.*	6	6	1		
C. N.	C. N.	63	5	Voltmètre portatif	*Idem.*	7	7	2		
C. N.	C. N.	63	40	Voltmètre petit modèle pour tableau, gradué de 0 à 15 volts	*Idem.*	8	8	2		
C. N.	C. N.	63	340	Ohmmètre à magnéto pour la vérification des isolements, type Carpentier	*Idem.*	9	9	1		
C. N.	C. N.	63		Boîte de contrôle à courant continu	*Idem.*	10	10	1 (A).		
C. N.	C. N.	92	3030	Horloge à cadran	*Idem.*	11	11	1 (B).		
C. N.	C. N.	61	480	Pince à sertir les oeillets en laiton, complètes de 1 à 4 ampères	*Idem.*	12	12	1		
C. N.	C. N.	61	482	Pince à sertir les oeillets en laiton, complètes de 5 à 10 ampères	*Idem.*	13	13	1		
C. N.	C. N.	65		Perceuse électrique à courant continu de volts, perçant jusqu'à 10 millimètres	*Idem.*	14	14	1		

DIRECTIONS du service à terre qui s'opèrent :		NUMÉROS D'ORDRE de la nomenclature.		NOMENCLATURE DES OBJETS À POURVOIR.	ESPÈCES des unités.	REPÈRES.	REPÈRES.	BASES DES DÉLIVRANCES.		OBSERVATIONS.
Les délivrances en 1er armement.	Les délivrances en remplacement, les 2es délivrances, les renouvellements et les réparations.	Par unité collective.	Par unité simple.					ARMEMENT.	ENTRETIEN.	
1	2	3	4	5	6	7	8	9	10	11
				LAMPES À INCANDESCENCE.						
C. N.	A. F.	67	30	Lampes à incandescence à filament métallique à baïonnette culot normal de 120 V pour éclairage intérieur	Nombre.	1	1	Quantité en place.	2 fois la quantité en place.	
C. N.	A. F.	67	31	de 120 V.-25 B. pour feux de navigation	*Idem.*	2	2	Quantité en place.	2 fois la quantité en place.	
C. N.	A. F.	67	32	de 120 V.-32 B. pour feu de navigation vert	*Idem.*	3	3	2	4	
C. N.	A. F.	67	30	de 120 V.-16 B. pour feux de mouillage	*Idem.*	4	4	3	6	
C. N.	A. F.	67		de V.- B. sphériques pour indicateurs lumineux	*Idem.*	5	5	Quantité en place.	2 fois la quantité en place.	
C. N.	A. F.	67		de 120 V.-16 B. cylindriques pour éclairage des compas	*Idem.*	6	6	*Idem.*	*Idem.*	
C. N.	A. F.	67		de 60 V.-10 B. pour feu de poupe et ratière	*Idem.*	7	7	Quantité en place.	2 fois la quantité en place.	
C. N.	A. F.	67		de V.- B. pour turbo-soufflante	*Idem.*	8	8	Quantité en place.	*Idem.*	
C. N.	A. F.	67	385	Lampes à filament métallique pour fanaux électriques indépendants à accumulateurs de 6 V.-8 B.	*Idem.*	9	9		1/2 du nombre de fanaux à accumulateurs.	
C. N.	A. F.	67	368	Lampes bleues à incandescence pour éclairage discret	*Idem.*	10	10	5	10	
C. N.	A. F.	67		Lampes à filament métallique pour projecteur de signalisation	*Idem.*	11	11	1	1	
				Lampes à filaments métalliques pour circulaires lumineuses des périscopes de V.- B.	*Idem.*	12	12	Quantité en place.	2 fois la quantité en place.	
C. N.	A. F.	67		Lampes cylindriques filament métallique à baïonnette culot normal pour lampe témoin	*Idem.*	13	13	Quantité en place.	2 fois la quantité en place.	
C. N.	A. F.	67		Lampe de V.- B. pour loch électrique	*Idem.*	14	14	*Idem.*	*Idem.*	
C. N.	A. F.	67		Lampe pour fanal de signalisation	*Idem.*	15	15	*Idem.*	*Idem.*	

Directions ou services à terre où s'opèrent : Les délivrances au 1er armement.	Les délivrances au renouvellement, les 1res délivrances, les renouvellements et les réparations.	Numéros d'ordre de la nomenclature : Par unité collective.	Par unité simple.	Nomenclature des objets à fournir.	Espèces des unités.	Repères.	Repères.	Bases des délivrances : Armement.	Rechanges.	Observations.
1	2	3	4	5	6	7	8	9	10	11
				Article XV.						
				MATÉRIEL RELATIF AUX PORTE-VOIX ET TRANSMISSIONS D'ORDRES.						
				§ I. — **RECHANGES DES INSTALLATIONS.**						
				APPAREILS KLAXON.						
C. N.	C. N.	64		Interrupteur	Nombre	1	1		1	
C. N.	C. N.	64		Diaphragmes, à enclume rivée, accompagnés chacun d'une paire de joint en liège	*Idem.*	2	2		2	
C. N.	C. N.	64		Rochet	*Idem.*	3	3		1	
C. N.	C. N.	64		Billes (jeu de)	*Idem.*	4	4		1	
C. N.	C. N.	64		Vis assorties	*Idem.*	5	5		12	
				§ II. — **MATÉRIEL D'ARMEMENT ET SES RECHANGES.**						
				BOUÉE TÉLÉPHONIQUE.						
C. N.	C. N.			Bouée téléphonique	Nombre.	6	6	1		
C. N.	C. N.	[illegible]	52	Câble de bord armé à un seul conducteur de 2 mm^2 de section pour bouée téléphonique	Mètre.	7	7	160		
C. N.	C. N.	60		Câble spécial armé de 16 fils 4/10 dont 12 en acier et 4 en cuivre pour remorque en plongée	*Idem.*	8	8	240	240	
C. N.	A. F.	14	7210	Cordage souple de 18 mm. 8 de circonférence pour soutien du câble téléphonique de remorque de 240 mètres	Nombre.	9	9	1		
				Cordage souple de 18 mm. 8 de circonférence pour soutien du câble téléphonique de remorque de 80 mètres	*Idem.*		10	2		
C. N.	C. N.			Poste téléphonique portatif type Serbe pour remorquage en plongée	*Idem.*	11	11	1		
C. N.	C. N.			Poste téléphonique portatif type Serbe pour poste central	*Idem.*	12	12	1		
C. N.	C. N.			Poste téléphonique portatif type Serbe pour bouée téléphonique	*Idem.*	13	13	1		
C. N.	A. F.			Piles sèches pour postes téléphoniques type Serbe	*Idem.*	14	14		6	

DIRECTIONS [illegible] où s'opèrent : Les délivrances en 1er armement.	Les délivrances en réarmement, les 1res délivrances, les renouvellements et les réparations.	NUMÉROS D'ORDRE de la NOMENCLATURE. Par unité collective.	Par unité simple.	NOMENCLATURE DES OBJETS À FOURNIR.	ESPÈCES des unités.	REPÈRES.	REPÈRES.	BASES DES DÉLIVRANCES. [illegible]	[illegible]	OBSERVATIONS.
1	2	3	4	5	6	7	8	9	10	11
				ARTICLE XVI.						
				MATÉRIEL RELATIF AUX FERMETURES.						
C. N.	A. F.			Cadenas en fer zingué, avec clef en fer, de 40 millimètres	*Idem.*	1	1	Le nombre nécessaire.		

Article XVIII.

MATÉRIEL SPÉCIAL À LA NAVIGATION MIS À LA DISPOSITION DES SERVICES DU BORD.

COMPAS SPERRY MY (a).

1. Compas.

DIRECTIONS DU SERVICE À TERRE QUI S'OPÈRENT : Les délivrances en 1er armement.	Les délivrances en réarmement; les 1res délivrances; les renouvellements et les réparations.	NUMÉROS D'ORDRE DE LA NOMENCLATURE. Par unité collective.	Par unité simple.	NOMENCLATURE DES OBJETS À FOURNIR.	ESPÈCES des unités.	REPÈRES.	REPÈRES.	BASES DES DÉLIVRANCES. Armement.	Rechanges.	OBSERVATIONS.
1	2	3	4	5	6	7	8	9	10	11
C. N.	C. N.	92	2550	Moteur d'azimut avec relai d'embrayage	Nombre.	1	1		1	(a) Si ce modèle de compas est utilisé
C. N.	C. N.	92	2571	Transmetteur complet	Idem.	2	2		1	
C. N.	C. N.	92	2630	Trolleys	Idem.	3	3		2	
C. N.	C. N.	92	2601	Contacteurs	Idem.	4	4		2	
C. N.	C. N.	92	2634	Bras de trolley	Idem.	5	5		2	
C. N.	C. N.	92	2623	Galets en or de trolley	Idem.	6	6		2	
C. N.	C. N.	92	2667	Niveau Est complet	Idem.	7	7		1	
C. N.	C. N.	92	2668	Niveau Ouest complet	Idem.	8	8		1	
C. N.	C. N.	92	2659	Glaces de palier	Idem.	9	9		2	
C. N.	C. N.	92	2658	Glace de la fenêtre d'inspection	Idem.	10	10		1	
C. N.	C. N.	92	2596	Suspension	Idem.	11	11		1	
C. N.	C. N.	92		Roulements à billes	Idem.	12	12		2	
C. N.	C. N.	92	2664	Manchon palier Nord, d'élément sensible	Idem.	13	13		1	
C. N.	C. N.	92	2665	Manchon palier Sud, d'élément sensible	Idem.	14	14		1	
C. N.	C. N.	92	2525	Roulement à billes du pivot guide inférieur	Idem.	15	15		1	
C. N.	C. N.	92	2624	Pivot guide inférieur	Idem.	16	16		1	
C. N.	C. N.	92		Jeu de billes pour contre-poids	Idem.	17	17		1	
C. N.	C. N.	92	2592	Balais collecteur AV, pour suspension	Idem.	18	18		3	
C. N.	C. N.	92		Jeu de vis et écrous	Idem.	19	19		1	
C. N.	C. N.	92	2686	Ball supérieur (pour cuve à mercure)	Idem.	20	20		1	
C. N.	C. N.	92	2529	Ressorts à suspension pour cercle intérieur	Idem.	21	21		2	
C. N.	C. N.	92	2530	Ressorts pour cercle d'amortissement intérieur	Idem.	22	22		3	
C. N.	C. N.	92	2725	Lampes 28 volts	Idem.	23	23		12	
C. N.	C. N.	92	2816	Glaces pour répétiteur M. K. V.	Idem.	24	24		4	
C. N.	C. N.	92		Cordes de ligne de foi	Idem.	25	25		2	
C. N.	C. N.	92	2821	Roses à double graduation type M. K. V.	Idem.	26	26		2	
C. N.	C. N.	92		Rondelles en cuivre pour câbles	Idem.	27	27		6	
C. N.	C. N.	92	2814	Bloc de bornes, répétiteur M. K. V.	Idem.	28	28		1	
C. N.	C. N.	92	2812	Bandes de glace de répétiteur M. K. V.	Idem.	29	29			
C. N.	C. N.	92	2553	Bras de contact du relai du moteur d'azimut	Idem.	30	30		2	
C. N.	C. N.	92	2569	Armature de relai du moteur d'azimut	Idem.	31	31		1	
C. N.	C. N.	92		Jeu de bornes de boîtes de jonction	Idem.	32	32		1	
C. N.	C. N.	92	2820	Moteur pour compas répétiteur	Idem.	33	33		1	
C. N.	C. N.	92		Cosses pour câbles de répétiteur M. K. V.	Jeu.	34	34		2	
C. N.	C. N.	92		Cosses pour le compas principal	Idem.	35	35		1	

DIRECTIONS qui assurent les délivrances : Les délivrances au 1er armement.	Les délivrances en rechange ; les 2es délivrances ; les renouvellements et les réparations.	NUMÉROS D'ORDRE de la nomenclature : Par unité collective.	Par unité simple.	NOMENCLATURE DES OBJETS À DÉLIVRER.	ESPÈCES des unités.	REPÈRES.	REPÈRES.	BASES DES DÉLIVRANCES : ARMEMENT.	RECHANGE.	OBSERVATIONS.
1	2	3	4	5	6	7	8	9	10	11
				II. Moteurs générateurs.						
C. N.	C. N.	92	2734	Induit	Nombre.	1	1		1	
C. N.	C. N.	92	2736	Ressorts de porte-balais	*Idem.*	2	2		4	
C. N.	C. N.	92	2735	Porte-balais	*Idem.*	3	3		1	
C. N.	C. N.	92		Rondelles isolantes pour porte-balais	*Idem.*	4	4		2	
C. N.	C. N.	92		Manchons isolants pour porte-balais	*Idem.*	5	5		1	
C. N.	C. N.	92	2732	Bobine de champ du moteur	*Idem.*	6	6		1	
C. N.	C. N.	92	2733	Bobine de champ du générateur	*Idem.*	7	7		1	
C. N.	C. N.	92	2752	Roulements à billes pour groupe transformateur	*Idem.*	8	8		2	
				III. Dynamoteurs.						
C. N.	C. N.	92	2749	Induit marque XIV, 8 ampères	Nombre.	9	9		1	
C. N.	C. N.	92		Jeu de rondelles isolantes pour porte-balais	*Idem.*	10	10		1	
C. N.	C. N.	92	2736	Ressorts pour porte-balais	*Idem.*	11	11		4	
C. N.	C. N.	92	2751	Porte-balais côté alimentation	*Idem.*	12	12		1	
C. N.	C. N.	92	2750	Porte-balais côté 40 V.	*Idem.*	13	13		1	
C. N.	C. N.	92	2752	Roulements à billes pour groupe transformateur	*Idem.*	14	14		2	
C. N.	C. N.	92	2745	Bobine de champ marque XIV, 8 ampères	*Idem.*	15	15		1	
				IV. Tableaux.						
C. N.	C. N.			Jeu de porte-fusibles pour 10 à 15 a. pour les tableaux	Nombre.	16	16		3	
C. N.	C. N.	92	2780	Résistance type A. 200	*Idem.*	17	17		1	
C. N.	C. N.	92	2781	Résistance type A. 90	*Idem.*	18	18		1	
C. N.	C. N.	92	2782	Résistance type A. 60	*Idem.*	19	19		4	

DIRECTIONS ou services [illegible] : Les délivrances de 1er armement.	DIRECTIONS ou services [illegible] : Les délivrances en remplacement ; les 1res délivrances ; les renouvellements et les réparations.	NUMÉROS D'ORDRE de la nomenclature : Par unité collective.	NUMÉROS D'ORDRE de la nomenclature : Par unité simple.	NOMENCLATURE DES OBJETS À FOURNIR.		ESPÈCES des unités.	REPÈRES.	REPÈRES.	BASES DES DÉLIVRANCES. [illegible]	BASES DES DÉLIVRANCES. [illegible]	OBSERVATIONS.
1	2	3	4	5		6	7	8	9	10	11
				OUTILLAGE DU COMPAS SPERRY.							
C. N.	C. N.	92	2918	Outillage du compas Sperry	Stroboscope à main pour mesurer la vitesse de rotation du tore du compas	Nombre.	1	1	1		
C. N.	C. N.	92	2919		Pompe à vide avec son tube flexible	Idem.	2	2	1		
C. N.	C. N.	92	2915		Pompe à pression	Idem.	3	3	1		
C. N.	C. N.	92			Tubulure à air pour essais (Robinet)	Idem.	4	4	1		
C. N.	C. N.	92	2924		Tube à huile pour compas	Idem.	5	5	1		
C. N.	C. N.	92	2906		Clé pour soupape à air du compas	Idem.	6	6	1		
C. N.	C. N.	92	2902		Clé à tenons pour écrous divers du compas	Idem.	7	7	1		
C. N.	C. N.	92	2903		Clé à T pour écrous de paliers du rotor du compas	Idem.	8	8	1		
C. N.	C. N.	92	2901		Jeu de clés doubles S	Idem.	9	9	1		
C. N.	C. N.	92	2907		Extracteur pour roulement à billes	Idem.	10	10	1		
C. N.	C. N.	92	2920		Jeu de 4 tournevis pour compas	Idem.	11	11	1		
C. N.	C. N.	92	2660	Manomètre pour élément sensible		Idem.	12	12	1		
C. N.	C. N.			Boîte en bois contenant l'outillage et les rechanges du compas		Idem.	13	13	1		
C. N.	C. N.			Outillage pour les générateurs et les tableaux	Tournevis spécial	Idem.	14	14	1		
C. N.	C. N.				Clé à douille	Idem.	15	15	2		
C. N.	C. N.			Boîte en bois contenant l'outillage et les rechanges du moteur générateur, du dynamoteur et des tableaux		Idem.	16	16	1		
C. N.	C. N.	92	2914	Pince plate		Idem.	17	17	1		
C. N.	C. N.	92	2913	Pierre indienne		Idem.	18	18	1		
C. N.	C. N.	92	2911	Jauge pour transmetteur		Idem.	19	19	1		
C. N.	C. N.	92	2912	Lime		Idem.	20	20	1		
C. N.	C. N.	92	2900	Burette		Idem.	21	21	1		
C. N.	C. N.	92	2917	Seringue d'hydromètre		Idem.	22	22	1		
C. N.	C. N.	92	2910	Hydromètre		Idem.	23	23	1		
C. N.	C. N.	92	2905	Huile n° 91 (bidon)		Idem.	24	24	1		
C. N.	C. N.	92	2909	Huile n° 165 (bidon)		Idem.	25	25	1		

DIRECTIONS [illegible]		NUMÉROS D'ORDRE de la [illegible]		NOMENCLATURE DES OBJETS À FOURNIR.	ESPÈCES des unités.	REPÈRES.	REPÈRES.	BASES DES DÉLIVRANCES.		OBSERVATIONS.
Les délivrances au 1er armement.	Les délivrances [illegible]	Par unité collective.	Par unité simple.					[illegible]	[illegible]	
1	2	3	4	5	6	7	8	9	10	11
				TREUILS ÉLECTRIQUES POUR PÉRISCOPES (A).						(A) Si ce mode de hissage est utilisé. (B) La ligne comprend le nombre total de porte-frotteurs existant sur un moteur, divisé par le nombre de pôles. (C) Avec minimum de 2 de chaque type. (D) Si l'installation en comporte.
C. N.	C. N.			Coussinets ou douilles	Nombre.	1	1		1 de chaque type.	
C. N.	C. N.			Induit complet avec arbre et collecteur	Idem.	2	2		1	
C. N.	C. N.			Pignons dentés non métalliques	Idem.	3	3		1 de chaque type.	
C. N.	C. N.			Roulements et butées à billes	Idem.	4	4		Idem.	
C. N.	C. N.			Porte-frotteurs	Idem.	5	5		1 ligne (B).	
C. N.	C. N.			Ressorts pour porte-frotteurs	Idem.	6	6		Idem.	
C. N.	C. N.			Boulons, vis ou prisonniers des pièces démontables	Idem.	7	7		1/20 du nombre en place (C).	
C. N.	C. N.			Clés de démontage des treuils de périscopes	Idem.	8	8	1		
C. N.	C. N.			Extracteurs de roulements et butées à billes des treuils de périscopes	Jeu.	9	9	1		
				LOCH ÉLECTRIQUE.						
C. N.	C. N.	101		Boîte de rechange et d'outillage	Nombre.	10	10	1		
C. N.	C. N.	101		Accumulateurs	Idem.	11	11	1 (D)	1 (D).	
				OBJETS DIVERS.						
C. N.	C. N.	109	120	Carton formant reliure mobile pour la conservation des feuilles d'armement	Idem.	12	12	1		

Directions [illegible] où s'opèrent : Les délivrances en 1er armement.	Les délivrances en remplacement; les 1res délivrances; les renouvellements et les réparations.	Numéros d'ordre de la nomenclature. Par unité collective.	Par unité simple.	Nomenclature des objets à fournir	Espèces des unités.	Repères.	Repères.	Bases des délivrances. [illegible]	[illegible]	Observations.
1	2	3	4	5	6	7	8	9	10	11
				Article XXI.						(a) Ces rechanges sont prévus pour un appareil, ou deux appareils identiques, ils seront doublés pour plus de deux appareils. (b) La ligne comprend le nombre total de porte-frotteurs existant sur un moteur, divisé par le nombre de pôles.
				MATÉRIEL RELATIF À LA PROPULSION						
				§ 1. — **RECHANGES DES INSTALLATIONS.**						
				APPAREILS AUXILIAIRES INDÉPENDANTS DES MOTEURS THERMIQUES.						
				Pompe à pétrole de [illegible] litres. (a)						
C. N.	C. N.			Coussinets ou douilles	Idem.	1	1		1 de chaque type.	
C. N.	C. N.			Induit complet avec arbre et collecteur	Idem.	2	2		1	
C. N.	C. N.			Pignons dentés non métalliques	Idem.	3	3		1 de chaque type.	
C. N.	C. N.			Roulements et butées à billes	Idem.	4	4		1 de chaque type.	
C. N.	C. N.			Porte-frotteurs	Idem.	5	5		1 ligne (b).	
C. N.	C. N.			Ressorts pour porte-frotteurs	Idem.	6	6		1 ligne (b).	
C. N.	C. N.			Boulons, vis ou prisonniers des pièces démontables	Idem.	7	7		Matériel Machines.	
				Pompe à eau de circulation. (a)						
C. N.	C. N.			Coussinets ou douilles	Nombre.	8	8		2 de chaque type.	
C. N.	C. N.			Induit complet avec arbre et collecteur	Idem.	9	9		1	
C. N.	C. N.			Pignons dentés non métalliques	Idem.	10	10		1 de chaque type.	
C. N.	C. N.			Roulements et butées à billes	Idem.	11	11		1 de chaque type.	
C. N.	C. N.			Porte-frotteurs	Idem.	12	12		1 ligne (b).	
C. N.	C. N.			Ressorts pour porte-frotteurs	Idem.	13	13		1 ligne (b).	
C. N.	C. N.			Boulons, vis ou prisonniers des pièces démontables	Idem.	14	14		Matériel Machines.	
				Pompe à huile. (a)						
C. N.	C. N.			Coussinets ou douilles	Nombre.	15	15		1 de chaque type.	
C. N.	C. N.			Induit complet avec arbre et collecteur	Idem.	16	16		1 par moteur.	
C. N.	C. N.			Pignons dentés non métalliques	Idem.	17	17		1 de chaque type.	
C. N.	C. N.			Roulements et butées à billes	Idem.	18	18		1 de chaque type.	
C. N.	C. N.			Porte-frotteurs	Idem.	19	19		1 ligne (b).	
C. N.	C. N.			Ressorts pour porte-frotteurs	Idem.	20	20		1 ligne (b).	
C. N.	C. N.			Boulons, vis ou prisonniers des pièces démontables	Idem.	21	21		Matériel Machines.	
				Turbo-soufflante haute pression.						
C. N.	C. N.			Peignes pour permutateur	Nombre.	22	22		2	
C. N.	C. N.			Coussinets ou douilles	Idem.	23	23		1 jeu complet.	
C. N.	C. N.			Roulements et butées à billes	Idem.	24	24		1 de chaque type.	
C. N.	C. N.			Porte-frotteurs	Idem.	25	25		1 ligne (b).	
C. N.	C. N.			Ressorts pour porte-frotteurs	Idem.	26	26		1 ligne (b).	
C. N.	C. N.			Boulons, vis ou prisonniers des pièces démontables	Idem.	27	27		Matériel Machines.	
				Séparateur d'huile hydrocentrifuge [illegible]						
C. N.	C. N.			Induit complet avec arbre et collecteur	Nombre.	29	29		1	
C. N.	C. N.			Roulements et butées à billes	Idem.	30	30		1 de chaque type.	
C. N.	C. N.			Porte-frotteurs	Idem.	31	31		1 ligne (b).	
C. N.	C. N.			Ressorts pour porte-frotteurs	Idem.	32	32		1 ligne (b).	
C. N.	C. N.			Boulons, vis ou prisonniers des pièces démontables	Idem.	33	33		Matériel Machines.	

DIRECTIONS DE SERVICE (ou magasins) où s'opèrent : Les délivrances du 1er armement.	Les délivrances en remplacement; les 1res délivrances; les renouvellements et les réparations.	NUMÉROS D'ORDRE de la nomenclature. Par unité collective.	Par unité simple.	NOMENCLATURE DES OBJETS À FOURNIR.	ESPÈCES des unités.	REPÈRES.	REPÈRES.	BASES DES DÉLIVRANCES. Armement.	Rechanges.	OBSERVATIONS.
1	2	3	4	5	6	7	8	9	10	11
				MOTEURS ÉLECTRIQUES POUR LA PROPULSION ET LE CHARGEMENT DES ACCUMULATEURS. (a)						(a) Si le bâtiment possède un groupe électrogène indépendant, il sera alloué pour ce groupe les rechanges prévues pour les moteurs de propulsion. (b) La ligne comprend le nombre total de porte-frotteurs existant sur un moteur, divisé par le nombre de pôles. (c) Comprenant pour chaque type d'appareils le nombre de pièces en place.
				Moteurs principaux ([illegible] moteurs).						
C. N.	C. N.			Coussinets	Nombre.	1	1		1 jeu.	
C. N.	C. N.			Porte-frotteurs	Idem.	2	2		1 ligne (b).	
C. N.	C. N.			Ressorts pour porte-frotteurs	Idem.	3	3		1 ligne (b).	
C. N.	C. N.			Appareils de manœuvre : pièces de contact	Jeu.	4	4		1 (c).	
C. N.	C. N.			Appareils de manœuvre : pare-étincelles en cuivre	Nombre.	5	5		1 de chaque type.	
				Ventilateurs d'[illegible].						
C. N.	C. N.			Coussinets ou douilles	Nombre.	6	6		1 jeu.	
C. N.	C. N.			Induit complet avec arbre et collecteur	Idem.	7	7		1	
C. N.	C. N.			Porte-frotteurs	Idem.	8	8		1 ligne (b).	
C. N.	C. N.			Ressorts pour porte-frotteurs	Idem.	9	9		1 ligne (b).	
				Pompes à eau pour la réfrigération de l'air des moteurs électriques.						
C. N.	C. N.			Coussinets ou douilles	Nombre.	10	10		1 jeu.	
C. N.	C. N.			Induit complet avec arbre et collecteur	Idem.	11	11		1	
C. N.	C. N.			Porte-frotteurs	Idem.	12	12		1 ligne (b).	
C. N.	C. N.			Ressorts pour porte-frotteurs	Idem.	13	13		1 ligne (b).	
C. N.	C. N.			Boulons, vis ou prisonniers des pièces démontables	Idem.	14	14		Matériel Machines.	
C. N.	C. N.			Roulements et butées à billes	Idem.	15	15		1 de chaque type.	
				Virage des moteurs principaux.						
C. N.	C. N.			Coussinets	Nombre.	16	16		1 jeu.	
C. N.	C. N.			Induit complet avec arbre et collecteur	Idem.	17	17		1	
C. N.	C. N.			Porte-frotteurs	Idem.	18	18		1 ligne (b).	
C. N.	C. N.			Ressorts pour porte-frotteurs	Idem.	19	19		1 ligne (b).	
C. N.	C. N.			Boulons, vis ou prisonniers des pièces démontables	Idem.	20	20		Matériel Machines.	
				Moteur pour tour.						
C. N.	C. N.			Coussinets ou douilles	Nombre.	21	21		1 de chaque type.	
C. N.	C. N.			Induit complet avec arbre et collecteur	Idem.	22	22		1	
C. N.	C. N.			Pignons dentés non métalliques	Idem.	23	23		1 de chaque type.	
C. N.	C. N.			Roulements et butées à billes	Idem.	24	24		1 de chaque type.	
C. N.	C. N.			Porte-frotteurs	Idem.	25	25		1 ligne (b).	
C. N.	C. N.			Ressorts pour porte-frotteurs	Idem.	26	26		1 ligne (b).	
C. N.	C. N.			Boulons, vis ou prisonniers des pièces démontables	Idem.	27	27		Matériel Machines.	

Directions au service à terre ou à flot :		Numéros d'ordre de la nomenclature.		Nomenclature des objets à fournir.	Espèces des unités.	Repères.		Repères.	Bases des délivrances.		Observations.
Les délivrances au 1er armement.	Les délivrances au réarmement ; les 1res délivrances, les renouvellements et les réparations.	Par unité collective.	Par unité simple.						[illegible]	[illegible]	
1	2	3	4	5	6	7		8	9	10	11

Directions [illegible] : Les délivrances au 1er armement.	Les délivrances au réarmement; les 1res délivrances; les renouvellements et les réparations.	Numéros d'ordre de la nomenclature. Par unité collective.	Par unité simple.	Nomenclature des objets à fournir.		Espèces des unités.	Repères.	Repères.	Bases des délivrances. [illegible]	[illegible]	Observations.
1	2	3	4	5		6	7	8	9	10	11
				§ II. — MATÉRIEL D'ARMEMENT ET SES RECHANGES.							
C. N.	C. N.	101		Clés de démontage pour :	pompe à pétrole de litres	Jeu.	1	1	Matériel Machines.		
C. N.	C. N.	101			pompes à eau	Idem.	2	2	Idem.		
C. N.	C. N.	101			pompe à huile	Idem.	3	3	Idem.		
C. N.	C. N.	101			turbo-soufflante B. P. (moteurs principaux)	Idem.	4	4	Idem.		
C. N.	C. N.	101			séparateur d'huile Hignette	Idem.	5	5	Idem.		
C. N.	C. N.	101			moteurs principaux	Idem.	6	6	1		
C. N.	C. N.	101			ventilateurs d'induit moteurs principaux	Idem.	7	7	1		
C. N.	C. N.	101			moteur du tour	Idem.	8	8	Matériel Machines.		
C. N.	C. N.	101		Extracteurs de roulements et butées à billes :	pompe à pétrole de litres	Idem.	9	9	Idem.		
C. N.	C. N.	101			pompes à eau	Idem.	10	10	Idem.		
C. N.	C. N.	101			pompe à huile	Idem.	11	11	Idem.		
C. N.	C. N.	101			turbo-soufflante indépendante (moteurs principaux)	Idem.	12	12	1		
C. N.	C. N.	101			séparateurs d'huile Hignette	Idem.	13	13	Matériel Machines.		
C. N.	C. N.	101			moteur du tour	Idem.	14	16	Idem.		

Directions du matériel à terre où s'opèrent : Les délivrances du 1er armement.	Les délivrances en remplacement; les 1res délivrances; les renouvellements et les réparations.	Numéros d'ordre de la nomenclature. Par unité collective.	Par unité simple.	Nomenclature des objets à fournir.	Espèces des unités.	Repères.	Repères.	Bases des délivrances. Armement.	Rechanges.	Observations.
1	2	3	4	5	6	7	8	9	10	11
				Matériel des sous-marins électriques pour la propulsion.						
C. N.	C. N.	69		Bancs pour la visite des accumulateurs	Nombre.	1	1	2		(a) 1 par compartiment de batterie d'accumulateurs.
C. N.	C. N.	101		Clés pour connexions des accumulateurs	Idem.	2	2	4		(b) Ces appareils sont délivrés pour le service électricité du bord.
C. N.	C. N.	51		Plaques en plomb de 700 × 800 × 15, formant anode pour la décharge des accumulateurs	Idem.	3	3	2		(c) 4 aux sous-marins de 2e classe; 6 aux sous-marins de 1re classe.
C. N.	C. N.			Connexions avec cosse à chaque bout pour mise hors circuit des éléments avariés	Idem.	4	4	1/30 du nombre d'accus.		(d) Avec minimum de 1 de chaque dimension.
C. N.	A. F.	101	134	Soufflet de chaudronnier pour nettoyage des connexions	Idem.	5	5	1		
C. N.	A. F.	90		Tube-siphon en caoutchouc de 10 mètres de longueur et de 15 × 20 pour accumulateurs	Idem.	6	6	1		
C. N.	A. F.			Tuyaux en caoutchouc de 18 × 20 et de mètres de longueur pour remplissage des accumulateurs, avec raccord femelle à une extrémité	Idem.	7	7	2		
C. N.	A. F.	162		Dosage de fer dans l'électrolyte des accumulateurs : Éprouvette en verre à pied et à bec gradués, de 100 centimètres cubes divisée en centimètres cubes	Idem.	8	8	2		
C. N.	A. F.	162	552	Dosage de fer dans l'électrolyte des accumulateurs : Vase à saturation conique, à bec de 500 centimètres cubes	Idem.	9	9	2		
C. N.	A. F.	163	80	Dosage de fer dans l'électrolyte des accumulateurs : Burette anglaise, graduée, sur pied en bois comme support, de 25 centimètres cubes divisée en 1/10e de centimètre cube	Idem.	10	10	1		
C. N.	A. F.	162	20-21	Dosage de fer dans l'électrolyte des accumulateurs : Baguettes en verre	Idem.	11	11	4		
C. N.	C. N.	65		Plateaux pour enlevage des accumulateurs	Idem.	12	12	2 de chaque type.		
C. N.	A. F.	105	2082	Thermomètres à maxima pour compartiment des accumulateurs	Idem.	13	13	(A)		
C. N.	A. F.	105		Thermomètres spéciaux gradués de 0 à 60 pour accumulateurs	Idem.	14	14	6		
A. R.	A. R.			Appareils A. R. S. de protection ou similaires (B.)	Idem.	15	15	2		
C. N.	A. F.	62		Porte-lampes tubes pour visite des accumulateurs	Idem.	16	16	6		
C. N.	C. N.			Chariots pour le transport et l'arrimage des accumulateurs	Idem.	17	17	Suivant installations.		
C. N.	C. N.			Crocs pour chariots de manœuvre des accumulateurs	Idem.	18	18	Idem.		
C. N.	C. N.			Rallonges pour chariots de manœuvre	Idem.	19	19	Idem.		
C. N.	C. N.			Anneau et croc pour manœuvre par grue	Idem.	20	20	Idem.		
C. N.	A. T.			Estrope en cordage souple d'acier, de 33 millimètres de circonférence	Idem.	21	21	Idem.		
C. N.	C. N.			Tabouret pour accumulateurs	Idem.	22	22	Idem.		
C. N.	A. F.	90		Cadres en caoutchouc de × l = pour chariots et tabourets de manœuvre des accumulateurs	Idem.	23	23	1 de chaque type.		
C. N.	A. T.	105	2068	Pèse-acide gradué de 0 à 45°, grand modèle	Idem.	24	24	6		
C. N.	A. F.	55	207	Pipette fine avec poire en caoutchouc grand modèle	Idem.	25	25	(C)		
C. N.	C. N.			Broches isolées pour prendre le voltage des accumulateurs : de 750 millimètres de longueur et de 30 millimètres de diamètre	Idem.	26	26	2		
C. N.	C. N.			Broches isolées pour prendre le voltage des accumulateurs : de 250 millimètres de longueur et de 25 millimètres de diamètre	Idem.	27	27	2		
C. N.	C. N.			Bornes de connexion pour câble de charge des batteries par l'extérieur	Idem.	28	28	4		
C. N.	A. F.			Cruches en grès de 3 litres	Idem.	29	29	3		
C. N.	A. F.	162	823	Éprouvette graduée en verre de 250 centimètres cubes	Idem.	30	36	(C)		
C. N.	A. F.	127	115	Gants en caoutchouc : grands	Idem.	31	31	4		
C. N.	A. F.	127	116	Gants en caoutchouc : petits	Idem.	32	32	4		
C. N.	A. F.			Robinets en bois pour niveau d'accumulateurs	Idem.	33	33	2	4	
C. N.	C. N.			Rails amovibles : supérieurs pour accumulateurs	Idem.	34	34	Suivant installations.		
C. N.	C. N.			Rails amovibles : inférieurs pour accumulateurs	Idem.	35	35	Idem.		
C. N.	C. N.			Boîte pour papier de tournesol	Idem.	36	36	1		
C. N.	A. F.			Draps en caoutchouc de 1 m. × 2 m. × 0,004 pour la visite des accumulateurs	Idem.	37	37	2		
C. N.	C. N.			Tubes en cristal pour manomètres à eau des compartiments des accus.	Idem.	38	38		2	
C. N.	A. F.	162		Baguettes en ébonite (agitateurs)	Idem.	39	30	2		
C. N.	C. N.	65		Écrous de serrage des barres de connexions	Idem.	40	40		1/80 du nombre en place (a).	

DIRECTIONS [illegible] : Les délivrances au 1er armement.	Les délivrances en remplacement [illegible]	NUMÉROS D'ORIGINE de la NOMENCLATURE : Par [illegible] collective.	Par unité [illegible]	NOMENCLATURE DES OBJETS À [illegible]	ESPÈCES des unités.	REPÈRES.	REPÈRES.	BASES DES DÉLIVRANCES : [illegible]	[illegible]	OBSERVATIONS.
1	2	3	4	5	6	7	8	9	10	11
				Matériel des accumulateurs électriques pour la propulsion. (Suite).						(1) Avec minimum de 1 de chaque dimension.
C. N.	C. N.	65		Rondelles de serrage des barres de connexions	Nombre.	1	1		1/80 du nombre en place (1).	
C. N.	C. N.	65		Rondelles de serrage des joints des barres sur le couvercle	Idem.	2	2		Idem.	
C. N.	A. F.	98		Tubes de siphonnage	Idem.	3	3		10	
C. N.	C. N.	65		Champignons pour isolateurs de pied	Idem.	4	4		1/40 du nombre en place (1).	
C. N.	C. N.	65		Boulons à tête fraisée pour attache d'épontilles démontables	Idem.	5	5		1/20 du nombre en place (1).	
C. N.	C. N.	65		Jeu de boulons, vis ou prisonniers pour pièces démontables servant à l'arrimage des accumulateurs (1/40e du nombre en place)	Idem.	6	6		1	

[illegible]		Numéros d'ordre de la nomenclature		Nomenclature des objets à fournir.	Espèces des unités.	Repères.	Repères.	Bases des délivrances.		Observations.
Les délivrances au 1er armement.	Les délivrances en renouvellement; les 1res délivrances; les remplacements et les réparations.	Par unité collective.	Par unité simple.					[illegible]	[illegible]	
1	2	3	4	5	6	7	8	9	10	11
				Article XLI.						
				MATÉRIEL RELATIF AUX TORPILLES.						
				§ 1. — RECHANGES DES INSTALLATIONS.						
				MOTEUR D'ORIENTATION DES TUBES LANCE-TORPILLES. (1)						
C. N.	C. N.			Coussinets ou douilles	Nombre.	1	1		1 de chaque type.	
C. N.	C. N.			Induit complet avec arbre et collecteur	Idem.	2	2		1	
C. N.	C. N.			Pignons dentés non métalliques	Idem.	3	3		1 de chaque type.	
C. N.	C. N.			Roulements et butées à billes	Idem.	4	4		1 de chaque type.	
C. N.	C. N.			Porte-frotteurs	Idem.	5	5		1 ligne (2).	
C. N.	C. N.			Ressorts pour porte-frotteurs	Idem.	6	6		1 ligne (2).	
C. N.	C. N.			Boulons, vis ou prisonniers des pièces démontables	Idem.	7	7		1/20 du nombre en place (c).	
				MOTEURS D'ORIENTATION DES GYROSCOPES DES TUBES LANCE-TORPILLES FIXES. (1)						
C. N.	C. N.			Coussinets ou douilles	Nombre.	8	8		1 de chaque type.	
C. N.	C. N.			Induit complet avec arbre et collecteur	Idem.	9	9		1	
C. N.	C. N.			Pignons dentés non métalliques	Idem.	10	10		1 de chaque type.	
C. N.	C. N.			Roulements et butées à billes	Idem.	11	11		1 de chaque type.	
C. N.	C. N.			Porte-frotteurs	Idem.	12	12		1 ligne (2).	
C. N.	C. N.			Ressorts pour porte-frotteurs	Idem.	13	13		1 ligne (2).	
C. N.	C. N.			Boulons, vis ou prisonniers des pièces démontables	Idem.	14	14		1/20 du nombre en place (c).	
				§ 2. — MATÉRIEL D'ARMEMENT ET SES RECHANGES.						
C. N.	C. N.			Clé de démontage pour moteur d'orientation des tubes lance-torpilles	Jeu.	15	15	1		
C. N.	C. N.			Clé de démontage pour appareil d'orientation des gyroscopes	Idem.	16	16	1		
C. N.	C. N.			Extracteurs de roulements et butées à billes : moteurs d'orientation des tubes lance-torpilles	Nombre.	17	17	1		
C. N.	C. N.			Extracteurs de roulements et butées à billes : moteurs d'orientation des gyroscopes	Idem.	18	18	1		

(1) Ces quantités sont délivrées pour chaque type d'appareil.

Lorsque les moteurs sont identiques les quantités sont doublées s'il y a plus de deux appareils.

(2) La ligne comprend le nombre total de porte-frotteurs existant sur un moteur, divisé par le nombre de pôles.

(c) Avec minimum de 1 de chaque type.

INDICATIONS [illegible]		NUMÉROS D'ORDRE de la nomenclature.		NOMENCLATURE DES OBJETS À FOURNIR.	ESPÈCES des unités.	REPÈRES.		REPÈRES.	BASES DES DÉLIVRANCES.		OBSERVATIONS.
Les délivrances en 1er armement.	Les délivrances [illegible] et les réparations.	Par unité collective.	Par unité simple.						[illegible]	[illegible]	
1	2	3	4	5	6	7		8	9	10	11

Directions [illegible] : Les délivrances au 1er armement.	Directions [illegible] : Les délivrances au [illegible]; les 1res délivrances; les renouvellements et les réparations.	Numéros d'ordre de la nomenclature. Par unité collective.	Numéros d'ordre de la nomenclature. Par unité simple.	Nomenclature des objets à fournir.	Espèces des unités.	Repères.	Repères.	Bases des délivrances [illegible]	Bases des délivrances [illegible]	Observations.
1	2	3	4	5	6	7	8	9	10	11

NEUVIÈME SERVICE

MACHINES

DÉTENTEUR : MAITRE-MÉCANICIEN

DIRECTIONS ou services à terre où s'opèrent : Les délivrances au 1er armement.	Les délivrances au réarmement; les 1res délivrances; les renouvellements et les réparations.	NUMÉROS D'ORDRE de la nomenclature. Par unité collective.	Par unité simple.	NOMENCLATURE DES OBJETS À FOURNIR.	ESPÈCES des unités.	REPÈRES.	REPÈRES.	BASES DES DÉLIVRANCES. Armement.	Rechanges.	OBSERVATIONS.
1	2	3	4	5	6	7	8	9	10	11
				Article I.						(1) Avec minimum de 1 de chaque type.
				MATÉRIEL RELATIF AU MOUILLAGE.						
				§ I. — **RECHANGES DES INSTALLATIONS.**						
				MOTEUR DU GUINDEAU.						
C. N.	C. N.			Boulons, vis ou prisonniers des pièces démontables	Nombre	1	1		1/20 du nombre en place (1)	
				§ II. — **MATÉRIEL D'ARMEMENT ET SES RECHANGES.**						
C. N.	C. N.			Clés de démontage	Jeu	2	2	1		

DIRECTIONS OU SERVICES À TERRE qui délivrent : Les délivrances en 1er armement.	Les délivrances en remplacement, les 1res délivrances, les renouvellements et les réparations.	NUMÉROS D'ORDRE de la nomenclature. Par unité collective.	Par unité simple.	NOMENCLATURE DES OBJETS À FOURNIR.	ESPÈCES des unités.	REPÈRES.	REPÈRES.	BASES DES DÉLIVRANCES. Armement.	Rechange.	OBSERVATIONS.
1	2	3	4	5	6	7	8	9	10	11
				TABLEAU III.						
				MATÉRIEL RELATIF A L'APPAREIL A GOUVERNER.						(a) Si les cordages sont de même circonférence, il sera délivré la quantité nécessaire pour garnir l'appareil ayant la plus grande course.
				§ I. **RECHANGES DES INSTALLATIONS.**						
C. N.	A. F.			Cordage souple pour manœuvre courante ayant … mm de circonférence, pour appareils à huile sous-pression des Gouvernails horizontaux AV	Mètre.	1	1		(a)	(b) Si les tiges butoirs sont de même diamètre, il sera délivré en tout 2 tiges de rechange; celles de l'appareil ayant la plus grande course.
				— AR	*Idem.*	2	2		(a)	
				Gouvernail vertical	*Idem.*	3	3		(a)	(c) Avec minimum de 1 de chaque type.
C. N.	C. N.			Tiges butoirs. Gouvernails horizontaux AV	Nombre.	4	4		2 (b).	
				— AR	*Idem.*	5	5		2 (b).	
				Gouvernail vertical	*Idem.*	6	6		2 (b).	
C. N.	A. F.			Cuirs pour garnitures de piston. Gouvernails horizontaux AV	*Idem.*	7	7		Le nombre en place.	
				— AR	*Idem.*	8	8		*Idem.*	
				Gouvernail vertical	*Idem.*	9	9		*Idem.*	
C. N.	C. N.			Cuirs pour garnitures de tige de piston. Gouvernails horizontaux AV	*Idem.*	10	10		*Idem.*	
				— AR	*Idem.*	11	11		*Idem.*	
				Gouvernail vertical	*Idem.*	12	12		*Idem.*	
C. N.	C. N.			Jeux d'amortisseurs de bout de course. Gouvernails horizontaux AV	Jeu.	13	13		1 de chaque type.	
				— AR	*Idem.*	14	14		*Idem.*	
				Gouvernail vertical	*Idem.*	15	15		*Idem.*	
C. N.	A. F.			Jeu de garnitures de piston et de presses-étoupes pour manœuvre des embrayeurs des moteurs des gouvernails	Nombre.	16	16		Le nombre en place.	
C. N.	C. N.			Chaînes pour la manœuvre à bras des barres de plongée	*Idem.*	17	17		La quantité en place.	
C. N.	C. N.			Boulons, vis ou prisonniers des pièces démontables	*Idem.*	18	18		1/20 du nombre en place (c).	
C. N.	C. N.			Indicateurs d'angle de barre. Roulements à billes	*Idem.*	19	19		1 de chaque type.	
C. N.	C. N.			Cardans	*Idem.*	20	20		1 de chaque type.	
C. N.	C. N.			Dés de joints glissants	*Idem.*	21	21		1/10 du nombre en place.	
				MOTEURS ÉLECTRIQUES DES GOUVERNAILS.						
C. N.	C. N.			Boulons, vis ou prisonniers des pièces démontables. Vertical	Nombre.	22	22		1/20 du nombre en place (c).	
C. N.	C. N.			Horizontaux	*Idem.*	23	23		*Idem.*	
				§ II. **MATÉRIEL D'ARMEMENT ET SES RECHANGES.**						
C. N.	C. N.			Clés de démontage des appareils de manœuvre à l'huile des gouvernails	Jeu.	24	24			
C. N.	C. N.			Clés de démontage des moteurs des gouvernails	*Idem.*	25	25	1		

DIRECTIONS du service à payer où s'opèrent : Les délivrances en 1er armement.	Les délivrances au rétablissement; les 1res délivrances, les renouvellements et les réparations.	NUMÉROS D'ORDRE de la nomenclature. Par unité collective.	Par unité simple.	NOMENCLATURE DES OBJETS À FOURNIR.	ESPÈCES des unités.	REPÈRES.	REPÈRES.	BASES DES DÉLIVRANCES. [illegible]	[illegible]
1	2	3	4	5	6	7	8	9	10
				Article IV.					
				MATÉRIEL RELATIF AUX EMBARCATIONS.					
				§ 1. — **RECHANGES DES INSTALLATIONS.**					
				EMBARCATION À MOTEUR.					
C. N.	C. N.			Magnéto	Nombre.	1	1		1 de chaque type.
C. N.	C. N.			Bougies	*Idem.*	2	2		Le nombre en place.
C. N.	C. N.			Bielle complète avec coussinets	*Idem.*	3	3		1
C. N.	C. N.			Douilles pour axe de pied de bielle	*Idem.*	4	4		(A)
C. N.	C. N.			Piston	*Idem.*	5	5		1
C. N.	C. N.			Axe de pied de bielle	*Idem.*	6	6		1
C. N.	C. N.			Fils de bougie complets	*Idem.*	7	7		(B)
C. N.	C. N.			Gicleurs complets	*Idem.*	8	8		Le nombre en place.
C. N.	C. N.			Godets de graissage en verre	*Idem.*	9	9		1 de chaque type.
C. N.	C. N.			Pignon de pompe à engrenage	Jeu.	10	10		1
C. N.	C. N.			Joints divers	Nombre.	11	11		(A)
C. N.	C. N.			Ressorts divers	*Idem.*	12	12		(A)
C. N.	C. N.			Segments	*Idem.*	13	13		1/2 du nombre en place (C).
C. N.	C. N.			Soupapes d'aspiration avec clavettes, rondelles et guides	*Idem.*	14	14		(A)
C. N.	C. N.			Soupapes d'évacuation avec clavettes, rondelles et guide	*Idem.*	15	15		(B)
C. N.	C. N.			Vis platinées	Jeu.	16	16		1
C. N.	C. N.			Chaîne galle	Nombre.	17	17		(D)
C. N.	C. N.			Bouchons de soupape	*Idem.*	18	18		(A)
C. N.	C. N.			Robinet de décompression	*Idem.*	19	19		1
C. N.	C. N.			Filtres à huile	*Idem.*	20	20		Le nombre en place.
C. N.	C. N.			Filtres à essence	*Idem.*	21	21		*Idem.*
C. N.	C. N.			Clapets d'aspiration et de refoulement de la pompe de circulation, de la pompe de cale et de la pompe à huile	Jeu.	22	22		1
C. N.	C. N.			Manomètre de pression d'huile	Nombre.	23	23		1
C. N.	C. N.			Coussinet de palier	*Idem.*	24	24		2 de chaque type (F).
C. N.	C. N.			Jeu complet d'engrenages	*Idem.*	25	25		1 (F).
C. N.	A. F.	49	640	Extincteurs de 10 litres à projection système à mousse (vides)	*Idem.*	26	26	2	
C. N.	A. F.	49	645	Charges pour appareil à projection de 10 litres	*Idem.*	27	27	1	2
C. N.	A. F.	101		Clés assorties pour moteurs. Simples	Jeu.	28	28	1	
C. N.	A. F.			Clés assorties pour moteurs. Doubles	*Idem.*	29	29	1	
C. N.	C. N.			Clés assorties pour moteurs. Spéciales	*Idem.*	30	30	1	
C. N.	A. F.	109	71	Burette en fer blanc de 0 l. 75	Nombre.	31	31	1	
C. N.	A. F.	115	28	Entonnoir en fer blanc de 1 l. 5	*Idem.*	32	32	2	

OBSERVATIONS.

(A) La moitié du nombre en place de chaque type; le nombre en place si le moteur est monocylindrique.

(B) La moitié de la longueur totale en place; la longueur totale si le moteur est monocylindrique.

(C) Avec minimum de 4.

(D) Le nombre en place sur les moteurs de 1 ou 2 cylindres; la moitié du nombre en place sur les autres moteurs.

(E) 1 de chaque calibre de la dimension la plus longue du type en place.

(F) A délivrer seulement.

1° aux bâtiments appelés à faire campagne lointaine.

2° aux bâtiments qui posséderaient des moteurs d'embarcation différents des types Baudoin et Bettus-Loire dont la spécification a été donnée par C. M. 159 C. N. 6 du 17 mai 1923 et 7498 C. N. 4 du 17 avril 1924.

DIRECTIONS [illegible]		NUMÉROS D'ORDRE de la [illegible]		NOMENCLATURE DES OBJETS À FOURNIR.	ESPÈCES des unités.	REPÈRES.	REPÈRES.	BASES DES DÉLIVRANCES.		OBSERVATIONS.
Les délivrances au 1er armement.	Les délivrances [illegible]	Par unité collective.	Par unité simple.					[illegible]	[illegible]	
1	2	3	4	5	6	7	8	9	10	11

DIRECTIONS ou services à qui on s'adresse : Les délivrances au 1er armement.	Les délivrances en désarmement, les 2es délivrances, les remplacements et les réparations.	NUMÉROS D'ORDRE de la nomenclature. Par unité collective.	Par unité simple.	NOMENCLATURE DES OBJETS À FOURNIR.	ESPÈCES des unités.	REPÈRES.	REPÈRES.	BASES DES DÉLIVRANCES. Armement.	Rechanges.	OBSERVATIONS.
1	2	3	4	5	6	7	8	9	10	11
				ARTICLE V.						(1) Avec minimum de 1 de chaque dimension.
				MATÉRIEL RELATIF A LA MATURE.						
				§ I. — **RECHANGES DES INSTALLATIONS.**						
				APPAREILS POUR MANŒUVRE A L'HUILE DES MATS						
C. N.	A. F.			Garnitures de tiges de piston	Nombre.	1	1		Le nombre en place.	
C. N.	A. F.			Garnitures de piston	*Idem.*	2	2		*Idem.*	
C. N.	C. N.			Boulons, vis et prisonniers des pièces démontables des appareils de manœuvre des mâts	*Idem.*	3	3		1/20 du nombre en place. (1)	
				MOTEUR POUR MANŒUVRE DES MATS.						
C. N.	C. N.			Boulons, vis ou prisonniers des pièces démontables	Nombre.	4	4		1/20 du nombre en place (1)	
				§ II. — **MATÉRIEL D'ARMEMENT ET SES RECHANGES.**						
C. N.	C. N.			Clés de démontage des moteurs de manœuvre des mâts	Jeu.	5	5	1		
C. N.	C. N.			Clés de démontage des appareils de manœuvre à l'huile des mâts	*Idem.*	6	6	1		

DIRECTIONS [illegible]		NUMÉROS D'ORDRE de la NOMENCLATURE.		NOMENCLATURE DES OBJETS À FOURNIR.	ESPÈCES des unités.	REPÈRES.	REPÈRES.	BASES DES DÉLIVRANCES.		OBSERVATIONS.
Les délivrances du 1er armement.	Les délivrances du réarmement; les 1res délivrances; les renouvellements et les réparations.	Par unité collective.	Par unité simple.					ARMEMENT.	[illegible]	
1	2	3	4	5	6	7	8	9	10	11
				ARTICLE VII.						(a) Pour les frigorigènes à compresseur rotatif.
				MATÉRIEL RELATIF AUX FRIGORIGÈNES ET AUX CUISINES.						(b) Avec minimum de 1 de chaque type.
				§ I. — **RECHANGES DES INSTALLATIONS.**						
				FRIGORIGÈNE.						
C. N.	C. N.			Clapets avec ressorts pour compresseur. D'aspiration	Nombre.	1	1		La quantité en place.	
C. N.	C. N.			Clapets avec ressorts pour compresseur. De refoulement	*Idem.*	2	2		*Idem.*	
C. N.	C. N.			Tiges de piston de compresseur	*Idem.*	3	3		1 de chaque type.	
C. N.	C. N.			Garniture de piston complète	*Idem.*	4	4		1	
C. N.	C. N.			Garniture de presse-étoupes	Jeu	5	5		1	
C. N.	C. N.			Rotor complet de compresseur avec arbre (a)	Nombre.	6	6		1	
C. N.	C. N.			Lanternes garnies pour filtres à gaz	*Idem.*	7	7		1 de chaque type.	
C. N.	C. N.			Lanternes garnies pour filtres à lubrifiant	*Idem.*	8	8		*Idem.*	
C. N.	C. N.			Joints de compresseur	Jeu	9	9		1	
C. N.	C. N.			Thermomètre	Nombre.	10	10		La quantité en place.	
C. N.	C. N.			Manomètres avec robinets	*Idem.*	11	11		1 de chaque type.	
C. N.	C. N.			Mouleaux	Jeu	12	12		1	
C. N.	C. N.			Joints à accouplement	*Idem.*	13	13		1	
C. N.	C. N.			Courroies	*Idem.*	14	14		1	
C. N.	C. N.			Joints et rondelles non mentionnés ci-dessus	*Idem.*	15	15		1	
C. N.	C. N.			Jeu de boulons, vis ou prisonniers des pièces démontables (1/20 du nombre [illegible])	Nombre.	16	16		1 (b).	
				§ II. — **MATÉRIEL D'ARMEMENT ET SES RECHANGES.**						
C. N.	A. F.			Clés de démontage pour frigorigène	Jeu	17	17	1		

Directions ou services à terre qui s'opèrent : Les délivrances au 1er armement.	Les délivrances en remplacement des 1res délivrances, les remplacements et les réparations.	Numéros d'ordre de la nomenclature : Par unité collective.	Par unité simple.	Nomenclature des objets à fournir.	Espèces des unités.	Repères.	Repères.	Bases des délivrances : [illegible]	[illegible]	Observations
1	2	3	4	5	6	7	8	9	10	11
				Article VIII.						
				MATÉRIEL RELATIF À LA PROPRETÉ ET À L'HYGIÈNE.						
				§ 1. **RECHANGES DES INSTALLATIONS.**						
C. N.	C. N.			Rondelles butoir pour manœuvre des clapets de lavage des bouteilles...	Nombre.	1	1		1 de chaque type.	
C. N.	C. N.			Ressorts de soupapes de lavage des bouteilles	Jeu	2	2		1	
C. N.	C. N.	90		Bandes en caoutchouc de pour clapets des bouteilles à la turque...	Mètre	3	3		Quantité en place.	

[illegible]		NUMÉROS D'ORDRE de la [illegible]		NOMENCLATURE DES OBJETS À FOURNIR.	ESPÈCES des unités.	REPÈRES.	REPÈRES.	BASES DES DÉLIVRANCES.		OBSERVATIONS.
Les différences en 1er armement.	Les différences en réarmement; les 1res délivrances les remplacements et les réparations.	Par unité collective.	Par unité simple.					[illegible]	[illegible]	
1	2	3	4	5	6	7	8	9	10	11
				ARTICLE X.						(a) Les rechanges sont prévus pour 1 appareil ou 2 appareils identiques, ils seront doublés pour plus de deux appareils.
				MATÉRIEL RELATIF AU TUYAUTAGE D'EAU DES APPAREILS DE COQUE (ÉPUISEMENT, INCENDIE, DISTRIBUTION D'EAU DOUCE ET D'EAU SALÉE) AUX POMPES, AUX ÉCOULEURS DE COQUE.						(b) Avec minimum de 1 de chaque type
				§ I. — RECHANGES DES INSTALLATIONS.						
				POMPES ÉLECTRIQUES À PISTON D[illegible] T[illegible] (ASSÈCHEMENT) (a).						
C. N.	C. N.			Coussinets, bagues, dés, douilles, butées	Nombre.	1	1		1 de chaque type.	
C. N.	C. N.			Tige de piston à eau, en bronze, avec écrou sans cône ni clavetage	Idem.	2	2		1	
C. N.	C. N.			Garnitures de piston complètes	Idem.	3	3		1	
C. N.	C. N.			Clapets d'aspiration et de refoulement	Idem.	4	4		Le nombre en place.	
C. N.	C. N.			Sièges des clapets d'aspiration et de refoulement	Idem.	5	5		Le nombre en place.	
C. N.	C. N.			Ressorts pour clapets	Idem.	6	6		1 de chaque type	
C. N.	C. N.			Boulons, vis ou prisonniers	Idem.	7	7		1/20 du nombre en place (b).	
C. N.	C. N.			Billes de millimètres pour reniflard	Idem.	8	8		Nombre en place.	
				TURBO-SOUFFLANTE B. P. (VIDANGE DES BALLASTS).						
C. N.	C. N.			Joints et garnitures	Nombre.	9	9		Le nombre en place.	
C. N.	C. N.			Boulons, vis ou prisonniers	Idem.	10	10		Matériel électricité.	
C. N.	C. N.			Coussinets ou douilles	Idem.	11	11		Idem.	
C. N.	C. N.			Clapet de non retour avec boîte à ressort et ressorts	Idem.	12	12		2	
				POMPES CENTRIFUGES DE T[illegible] (ÉPUISEMENT) (a).						
C. N.	C. N.			Coussinets, bagues, butées, presse-étoupes	Nombre.	13	13		Matériel électricité.	
C. N.	C. N.			Boulons, vis ou prisonniers	Idem.	14	14		1/20 du nombre en place (b).	
				COMPTEURS D'EAU.						
C. N.	C. N.			Piston métal	Nombre.	15	15		1 de chaque type.	
C. N.	C. N.			Presse-étoupes	Idem.	16	16		Idem.	
C. N.	C. N.			Train de démultiplication	Idem.	17	17		Idem.	
				Mécanisme d'horlogerie, tambour à chiffre	Idem.	18	18		Idem.	
C. N.	C. N.			Joints divers	Idem.	19	19		Quantité en place.	
C. N.	C. N.			Boulons, vis ou goujons des pièces démontables	Idem.	20	20		1/20 du nombre en place (b).	
				DIVERS.						
C. N.	C. N.			Ressorts pour soupape de sûreté du tuyautage d'eau douce et d'eau salée tarée à 2 kilogrammes	Nombre.	21	21		2	

Directions de services à tenir au magasin : Les délivrances au 1er armement	Directions de services à tenir au magasin : Les délivrances au désarmement ; les 1res délivrances ; les renouvellements et les réparations.	Numéros d'ordre de la nomenclature : Par unité collective.	Numéros d'ordre de la nomenclature : Par unité simple.	Nomenclature des objets à fournir.	Espèces des unités.	Repères.	Repères.	Bases des délivrances : Armement.	Bases des délivrances : [illegible]	Observations.
1	2	3	4	5	6	7	8	9	10	11
				§ II. — **MATÉRIEL D'ARMEMENT ET SES RECHANGES.**						
				OBJETS DIVERS.						
C. N.	A. F.			Clés de démontage pour pompe à piston de ...	Jeu	1	1	1		
C. N.	A. F.			Clés de démontage pour turbo-soufflante pour vidange des w. b. ...	*Idem.*	2	2	1		
C. N.	C. N.			Clés de démontage pompes centrifuges de ts (épuisement) ...	*Idem.*	3	3	1		

DIRECTIONS [illegible] : Les délivrances de 1er armement.	Les délivrances en (armement); les 1res délivrances; les renouvellements et les réparations.	NUMÉROS D'ORDRE de la nomenclature. Par unité collective.	Par unité simple.	NOMENCLATURE DES OBJETS À FOURNIR.	ESPÈCES des unités.	REPÈRES.	REPÈRES.	BASES DES DÉLIVRANCES. Armement.	Rechanges.
1	2	3	4	5	6	7	8	9	10
				ARTICLE XI.					
				MATÉRIEL RELATIF À L'AIR COMPRIMÉ, À L'HUILE SOUS-PRESSION ET AUX APPAREILS S'Y RATTACHANT.					
				§ 1. — RECHANGES DES INSTALLATIONS.					
				COMPRESSEUR D'AIR H. P. DE LITRES.					
C. N.	C. N.			Segments pour garniture de piston. Phase 1	Nombre.	1	1		Le nombre en place.
C. N.	C. N.			Phase 2	*Idem.*	2	2		Le nombre en place (A).
C. N.	C. N.			Phase 3	*Idem.*	3	3		2 fois le nombre en place.
C. N	C. N.			Phase 4	*Idem.*	4	4		*Idem.*
C. N.	C. N.			Clapets d'aspiration et de refoulement d'air avec sièges et ressorts (B). Phase 1	*Idem.*	5	5		1/2 du nombre en place.
C. N.	C. N.			Phase 2	*Idem.*	6	6		*Idem.*
C. N.	C. N.			Phase 3	*Idem.*	7	7		Le nombre en place.
C. N.	C. N.			Phase 4	*Idem.*	8	8		*Idem.*
C. N.	A. F.			Garnitures et joints de toutes sortes	*Idem.*	9	9		*Idem.*
C. N.	C. N.			Clapets de la pompe de circulation	*Idem.*	10	10		*Idem.*
C. N.	C. N.			Ressorts de clapets	*Idem.*	11	11		*Idem.*
C. N.	C. N.			Ressorts divers	*Idem.*	12	12		*Idem.*
C. N.	C. N.			Boulons, vis et prisonniers des pièces démontables	*Idem.*	13	13		1/20 du nombre en place (C).
C. N.	C. N.			Tubes de réfrigération	*Idem.*	14	14		*Idem.*
C. N.	C. N.			Tampons filetés pour tubes	*Idem.*	15	15		1/50 du nombre de tubes en place.

OBSERVATIONS.

(A) 2 fois le nombre en place si le compresseur est à 3 phases.

(B) Dans le cas où le siège du clapet fait partie de la boîte, il doit être délivré un nombre égal de boîtes.

(C) Avec minimum de 1 de chaque type.

DIRECTIONS [illegible] : Les délivrances en 1er armement.	DIRECTIONS [illegible] : Les délivrances en complément; les 1res délivrances; les renouvellements et les réparations.	NUMÉROS D'ORDRE de la nomenclature : Par unité collective.	NUMÉROS D'ORDRE de la nomenclature : Par unité simple.	NOMENCLATURE DES OBJETS À FOURNIR.	ESPÈCES d'unités.	REPÈRES.	REPÈRES.	BASES DES DÉLIVRANCES : Armement.	BASES DES DÉLIVRANCES : Rechanges.
1	2	3	4	5	6	7	8	9	10
				DISTRIBUTION D'AIR COMPRIMÉ.					
C. N.	C. N.			Soupapes pour tuyautage de millimètres	Nombre.	1	1		(A)
C. N.	C. N.			Ressorts pour soupapes de sûreté sur tuyautage d'air comprimé	*Idem.*	2	2		Le nombre en place.
C. N.	C. N.			Ressorts pour soupapes de clapets de non retour de millimètres	*Idem.*	3	3		*Idem.*
C. N.	C. N.			Tiges pour soupapes de millimètres	*Idem.*	4	4		1/4 du nombre en place.
C. N.	C. N.			Clapets pour soupapes de millimètres	*Idem.*	5	5		*Idem.*
C. N.	C. N.			Vis pour freinage des butées des soupapes	*Idem.*	6	6	–	La quantité en place.
C. N.	C. N.			Clés à griffe pour soupape d'air	*Idem.*	7	7	1 par tableau de chasse ou de chargement.	
				APPAREILS POUR ACCUMULATION D'HUILE SOUS-PRESSION.					
				Pompe électrique à huile.					
C. N.	C. N.			Arbre à manivelle	Nombre.	8	8		1
C. N.	C. N.			Coussinets, bagues, dés, douilles, butées	*Idem.*	9	9		1 de chaque type.
C. N.	C. N.			Clapets de la pompe à huile	*Idem.*	10	10		Le nombre en place.
C. N.	C. N.			Garnitures de piston et de presse-étoupes	*Idem.*	11	11		*Idem.*
C. N.	C. N.			Joints pour les accumulateurs d'huile	*Idem.*	12	12		2 fois le nombre en place.
C. N.	C. N.			Piston de la pompe à huile	*Idem.*	13	13		1
C. N.	C. N.			Boulons, vis, prisonniers des pièces démontables	*Idem.*	14	14		1/20 du nombre en place (s).
C. N.	C. N.			Roulements à billes	*Idem.*	15	15		1 de chaque type.

OBSERVATIONS. (11)

(A) 1 de chaque type aux sous-marins de 2e classe. 2 de chaque type aux sous-marins de 1re classe.

(a) Avec minimum de 1 de chaque type.

DIRECTIONS ou sections à qui incombent : Les délivrances au 1er armement.	Les délivrances en remplacement ; les 1res délivrances, les renouvellements et les réparations.	NUMÉROS D'ORDRE de la nomenclature. Par unité collective.	Par unité simple.	NOMENCLATURE DES OBJETS À FOURNIR.	ESPÈCES des unités.	REPÈRES.	REPÈRES.	BASES DES DÉLIVRANCES. Armement.	Entretien.	OBSERVATIONS.
1	2	3	4	5	6	7	8	9	10	11
				Distribution d'huile.						(A) 1 de chaque type si on ne peut utiliser celles destinées à l'air comprimé.
C. N.	C. N.			Distributeur à pistons. Distributeur d'huile complet	Nombre.	1	1		1	
C. N.	C. N.			Pistons pour distributeur d'huile	*Idem.*	2	2		1/10 du nombre en place.	
C. N.	C. N.			Garnitures en acier des pistons du distributeur	*Idem.*	3	3		Le nombre en place.	
C. N.	C. N.			Couronnes métalliques pour distributeur	*Idem.*	4	4		1/20 du nombre en place.	
C. N.	C. N.			Distributeur à clapets. Jeu de clapets doubles	*Idem.*	5	5		1 de chaque type.	
C. N.	C. N.			Ressorts de rappel à stop	*Idem.*	6	6		1 par distributeur.	
C. N.	C. N.			Ressorts du gros clapet	*Idem.*	7	7		*Idem.*	
C. N.	A. F.			Ressorts du petit clapet	*Idem.*	8	8		*Idem.*	
C. N.	C. N.			Garnitures en cuir des tiges de manœuvre des clapets	*Idem.*	9	9		Le nombre en place.	
C. N.	A. F.			Parachutes. Clapets	*Idem.*	10	10		1 de chaque type.	
C. N.	C. N.			Garnitures en cuir	*Idem.*	11	11		1/4 du nombre en place.	
C. N.	C. N.			Soupapes de 6 millimètres avec clapet percé	*Idem.*	12	12		1	
C. N.	C. N.			Soupapes de 6 millimètres avec clapet non percé	*Idem.*	13	13		1	
C. N.	C. N.			Soupapes doubles de millimètres et millimètres	*Idem.*	14	14		1 de chaque type.	
C. N.	C. N.			Soupape simple de millimètres	*Idem.*	15	15		(A)	
C. N.	C. N.			Ressorts pour accumulateurs d'huile	*Idem.*	16	16		Quantité en place sur un accumulateur.	
C. N.	C. N.			Ressorts pour soupapes de sûreté des pointeaux de sectionnement	*Idem.*	17	17			
C. N.	C. N.			Pointeaux de sectionnement des cylindres à treuils	*Idem.*	18	18		en place.	
C. N.	C. N.			Clef de manœuvre des pointeaux de sectionnement	*Idem.*	19	19		Suivant les besoins.	

DIRECTIONS [illegible] : Les délivrances au 1er armement.	DIRECTIONS [illegible] : Les délivrances en réarmement; les 1res délivrances; les renouvellements et les réparations.	NUMÉROS D'ORDRE de la [illegible] : Par unité collective.	NUMÉROS D'ORDRE de la [illegible] : Par unité simple.	NOMENCLATURE DES OBJETS À FOURNIR.	ESPÈCES des unités.	REPÈRES.	REPÈRES.	BASES DES DÉLIVRANCES : Armement.	BASES DES DÉLIVRANCES : Rechanges.	OBSERVATIONS.
1	2	3	4	5	6	7	8	9	10	11
				§ II. — **MATÉRIEL D'ARMEMENT ET SES RECHANGES.**						
C. N.	C. N.	106		Manomètres de pression de millimètres avec pattes d'attache, gradués de 0 à kilogrammes pour collecteur et détendeur d'air à 12 kilogrammes	Nombre.	1	1	Suivant les installations.	1 de chaque type.	
C. N.	C. N.	105		Manomètres de haute pression de millimètres avec pattes d'attache, gradués de 0 à kilogrammes pour huile sous-pression	*Idem.*	2	2	*Idem.*	*Idem.*	
C. N.	C. N.	105		Manomètres de haute pression de millimètres gradués de 0 à kilogrammes pour collecteur d'air à 180 kilogrammes et chargement des accumulateurs de la station d'huile : avec pattes d'attache	*Idem.*	3	3	*Idem.*	*Idem.*	
C. N.	C. N.	105		Manomètres de haute pression de millimètres gradués de 0 à kilogrammes pour collecteur d'air à 180 kilogrammes et chargement des accumulateurs de la station d'huile : sans pattes d'attache	*Idem.*	4	4	*Idem.*	*Idem.*	
C. N.	C. N.	91		Glaces pour manomètres de millimètres de diamètre	*Idem.*	5	5		1/10 du nombre en place.	
C. N.	C. N.			Pompe à main pour huile sous-pression	*Idem.*	6	6	1		
C. N.	C. N.			Tuyaux pour pompe à huile sous-pression à main	*Idem.*	7	7	2		
C. N.	A. F.			Clés de démontage : des compresseurs	Jeu.	8	8	1		
C. N.	A. F.			Clés de démontage : des appareils d'accumulation d'huile sous-pression	*Idem.*	9	9	1		

DIRECTIONS du service à terre qui s'opèrent : Les délivrances en 1er armement.	Les délivrances en réarmement, les 2es délivrances, les remplacements et les réparations.	NUMÉROS D'ORDRE de la nomenclature. Par unité collective.	Par unité simple.	NOMENCLATURE DES OBJETS À FOURNIR.	ESPÈCES des unités.	REPÈRES.	REPÈRES.	BASES DES DÉLIVRANCES. ARMEMENT.	RECHANGES.	OBSERVATIONS.
1	2	3	4	5	6	7	8	9	10	11
				ARTICLE XV.						
				MATÉRIEL RELATIF AUX PORTE-VOIX ET TRANSMISSIONS D'ORDRE.						
				§ 1. — RECHANGES DES INSTALLATIONS.						
C. N.	A. F.			Rondelles en cuivre rouge pour tape étanche du porte-voix du guindeau.	Nombre.	1	1			
C. N.	C. N.			Sirène à air comprimé. { Axe de turbine................................	Idem.	2	2			
C. N.	C. N.			Sirène à air comprimé. { Roulement à billes............................	Jeu	3	3			
				§ 2. — MATÉRIEL D'ARMEMENT ET SES RECHANGES.						
C. N.	A. F.	55		Tuyaux acoustiques flexibles en bronze de millimètres........... avec	Nombre.	4	4	Suivant les installations.		
C. N.	A. F.	58		Embouchures en laiton étamé pour porte-voix de millimètres......	Idem.	5	5	Idem.		

DIRECTIONS qui concourent à toutes ces opérations : Les délivrances en 1er armement.	Les délivrances en remplacement, les 1res délivrances, les renouvellements et les réparations.	NUMÉROS D'ORDRE de la nomenclature. Par unité collective.	Par unité simple.	NOMENCLATURE DES OBJETS À FOURNIR.	ESPÈCES des unités.	REPÈRES.	RENVOIS.	BASES DES DÉLIVRANCES. ARMEMENT.	RECHANGES.	OBSERVATIONS.
1	2	3	4	5	6	7	8	9	10	11
				Article XVI.						
				MATÉRIEL RELATIF AUX FERMETURES.						
				§ I. — RECHANGES DES INSTALLATIONS.						
				OBJETS DIVERS.						
C. N.	A. F.			Cuirs supérieurs des cylindres de manœuvre des : Capots des manches à air frais et air vicié	Nombre.	1	1		Le nombre en place.	
C. N.	A. F.			Capots des manches à air des moteurs à pétrole	Idem.	2	2		Idem.	
C. N.	A. F.			Clapets des silencieux	Idem.	3	3		Idem.	
C. N.	A. F.			Cuirs inférieurs des cylindres de manœuvre des : Capots des manches à air frais et à air vicié	Nombre.	4	4		Le nombre en place.	
C. N.	A. F.			Capots des manches à air des moteurs à pétrole	Idem.	5	5		Idem.	
C. N.	A. F.			Clapets des silencieux	Idem.	6	6		Idem.	
C. N.	A. F.			Cuirs des pistons de manœuvre des : Capots des manches à air frais et à air vicié	Idem.	7	7		Le nombre en place.	
C. N.	A. F.			Capots des manches à air des moteurs à pétrole	Idem.	8	8		Idem.	
C. N.	A. F.			Clapets des silencieux	Idem.	9	9		Idem.	
C. N.	A. F.			Cuirs des appareils de manœuvre du panneau de sas. Cylindre	Idem.	10	10		Idem.	
C. N.	A. F.			Pistons	Idem.	11	11		Idem.	
				§ II. — MATÉRIEL D'ARMEMENT RELATIF AUX FERMETURES DIVERSES.						
C. N.	A. F.			Cadenas en cuivre circulaires avec clef	Idem.	12	12	Suivant les installations.		

DIRECTIONS ou services à [illegible] : Les délivrances en 1er armement.	Les délivrances en réarmement; les 1res délivrances; les remplacements et les réparations.	NUMÉROS D'ORDRE de la nomenclature. Par unité collective.	Par unité simple.	NOMENCLATURE DES OBJETS À FOURNIR.	ESPÈCES des unités.	REPÈRES.	REPÈRES.	BASES DES DÉLIVRANCES. ARMEMENT.	RECHANGES.	OBSERVATIONS.
1	2	3	4	5	6	7	8	9	10	11
				ARTICLE XVIII.						
				MATÉRIEL SPÉCIAL À LA NAVIGATION, MIS À LA DISPOSITION DES SERVICES DU BORD.						
				§ I. — **RECHANGES DES INSTALLATIONS.**						
				MANŒUVRE DES PÉRISCOPES.						
C. N.	C. N.			Cordage souple pour manœuvre courante aussière de millimètres de circonférence pour palans des périscopes	Mètre	1	1		(a)	
C. N.	C. N.			Palans à huile sous-pression pour périscopes : Tiges butoirs	Nombre.	2	2		2 (b)	
C. N.	C. N.			Palans à huile sous-pression pour périscopes : Amortisseurs de bout de course	*Idem.*	3	3		1	
C. N.	C. N.			Palans à huile sous-pression pour périscopes : Boulons, vis ou prisonniers	*Idem.*	4	4		1/20 du nombre en place.	
C. N.	A. F.			Palans à huile sous-pression pour périscopes : Garnitures en cuir : De piston	*Idem.*	5	5		(c)	
C. N.	A. F.			Palans à huile sous-pression pour périscopes : Garnitures en cuir : De tige de piston	*Idem.*	6	6		(c)	
C. N.	C. N.			Palans à huile sous-pression pour périscopes : Roulements à billes	*Idem.*	7	7		1 de chaque type.	
C. N.	C. N.			Roulements à billes guides pour périscopes	*Idem.*	8	8		1 de chaque type.	
				§ II. — **MATÉRIEL D'ARMEMENT ET SES RECHANGES.**						
N.	A. F.			Appareils de manœuvre des périscopes. Clée de démontage	Nombre.	9	9	1		
C. N.	A. F.			Appareils de manœuvre des périscopes. Extracteurs de roulements à billes	*Idem.*	10	10	1		
				OBJETS DIVERS.						
C. N.	C. N.	100	120	Carton formant reliure mobile pour la conservation des feuilles d'armement	Jeu	11	11	1		
C. N.	A. F.	97	440	Pochette de compas, pour dessinateur, de 8 pièces avec accessoires, extrafines en maillechort, charnière acier	Nombre.	12	12	1		

(a) La longueur nécessaire pour garnir l'appareil ayant la plus grande course.

(b) Si les tiges butoirs des divers palans existant à bord sont de longueurs différentes, il sera délivré deux tiges de la plus grande longueur.

(c) La quantité de chaque type en place sur un palan.

DIRECTIONS [illegible] — Les délivrances au 1er armement.	DIRECTIONS [illegible] — Les délivrances au réarmement; les 1res délivrances; les renouvellements et les réparations.	NUMÉROS D'ORDRE de la nomenclature — Par unité collective.	NUMÉROS D'ORDRE de la nomenclature — Par unité simple.	NOMENCLATURE DES OBJETS À FOURNIR	ESPÈCE des unités.	REPÈRES.	REPÈRES.	BASES DES DÉLIVRANCES — [illegible]	BASES DES DÉLIVRANCES — [illegible]	OBSERVATIONS.
1	2	3	4	5	6	7	8	9	10	11
				Article XXI.						
				MATÉRIEL RELATIF A LA PROPULSION.						
				§ 1. — **RECHANGES DES INSTALLATIONS.**						
				Rechanges de l'appareil moteur à pétrole et des auxiliaires en dépendant (2 moteurs).						
				MOTEURS SULZER.						
C. N.	C. N.			Piston moteur complet avec garniture et goujons d'assemblage	Nombre.	1	1		1	
C. N.	C. N.			Fonds de piston moteur avec garnitures	*Idem.*	2	2		1 par moteur.	
C. N.	C. N.			Segments pour garniture de piston moteur	*Idem.*	3	3		1/4 du nombre en place de chaque type.	
C. N.	C. N.			Trombones complets pour refroidissement des pistons sans tubes fixes	*Idem.*	4	4		La garniture de 2 pistons.	
C. N.	C. N.			Tubes fixes formant enveloppe des trombones de refroidissement des pistons avec presse-étoupes.	*Idem.*	5	5		1	
C. N.	C. N.			Boîte support de trombone.	*Idem.*	6	6		1 de chaque type.	
C. N.	C. N.			Coussinets de pied de bielle	*Idem.*	7	7		La garniture de 2 bielles.	
C. N.	C. N.			Coussinets de tête de bielle.	*Idem.*	8	8		*Idem.*	
C. N.	C. N.			Coussinets d'arbre moteur	*Idem.*	9	9		2 de chaque type.	
C. N.	C. N.			Soupapes combinées, d'injection de combustible et de démarrage complètes (avec boîtes sans soupape de démarrage auxiliaire)	*Idem.*	10	10		1/4 du nombre en place.	
C. N.	C. N.			Aiguilles d'injection avec douilles de guidage et pulvérisateurs	*Idem.*	11	11		1/4 *Idem.*	
C. N.	C. N.			Plaque de tuyère	*Idem.*	12	12		1/4 *Idem.*	
C. N.	C. N.			Garnitures de presse-étoupes des soupapes à combustibles	*Idem.*	13	13		Quantité en place.	
C. N.	C. N.			Leviers de commande des soupapes à combustible, complets	*Idem.*	14	14		1 de chaque type par moteur.	
C. N.	C. N.			Clapets et ressorts pour soupapes de démarrage auxiliaires	*Idem.*	15	15		1/4 du nombre en place.	
C. N.	C. N.			Galets de commande des soupapes à combustible avec leurs axes	*Idem.*	16	16		1/4 *Idem.*	
C. N.	C. N.			Vis poussoirs pour leviers de commande des soupapes à combustible	*Idem.*	17	17		1/4 *Idem.*	
C. N.	C. N.			Tubes télescopiques pour graissage des pieds de bielle avec garnitures	Jeu.	18	18		La garniture de 2 bielles.	
C. N.	C. N.			Joints divers	Nombre.	19	19		Le nombre en place.	
C. N.	C. N.			Grains d'attaque de leviers des aiguilles	*Idem.*	20	20		Quantité en place sur 1 moteur.	
C. N.	C. N.			Tiroirs rotatifs de balayage	*Idem.*	21	21		2	
C. N.	C. N.			Écrous chapeau de presse-étoupes des trombones de réfrigération des pistons.	*Idem.*	22	22		1/4 du nombre en place.	
C. N.	C. N.			Adents pour roue de commande des tiroirs de balayage (jeu de s)	Jeu.	23	23		1	

DIRECTIONS DE TRAVAUX À VISER OÙ S'OPÈRENT : Les délivrances du 1er armement	Les délivrances en réarmement; les 1res délivrances; les renouvellements et les réparations.	NUMÉROS D'ORDRE DE LA NOMENCLATURE. Par unité collective.	Par unité simple.	NOMENCLATURE DES OBJETS À FOURNIR.	ESPÈCES DES UNITÉS.	REPÈRES.	REPÈRES.	BASES DES DÉLIVRANCES. Armement.	Rechanges.	OBSERVATIONS.
1	2	3	4	5	6	7	8	9	10	11
				COMPRESSEUR D'INSUFFLATION.						(A) Avec minimum de 1 de chaque dimension.
C. N.	C. N.			Soupapes d'aspiration et de refoulement comprenant sièges ou boîtes formant sièges clapets et ressorts : Phase 1.	Nombre	1	1		1/4 du nombre en place.	
C. N.	C. N.			Phase 2.	*Idem.*	2	2		1/4 *Idem.*	
C. N.	C. N.			Phase 3.	*Idem.*	3	3		Quantité en place sur 1 moteur.	
C. N.	C. N.			Clapets d'aspiration et clapets de refoulement de compresseur : Phase 1.	*Idem.*	4	4		1/4 du nombre en place (A).	
C. N.	C. N.			Phase 2.	*Idem.*	5	5		1/2 *Idem.*	
C. N.	C. N.			Phase 3.	*Idem.*	6	6		Le nombre en place.	
C. N.	C. N.			Segments de piston de compresseur. Phase 1	*Idem.*	7	7		La garniture d'un piston.	
C. N.	C. N.			Phase 2.	*Idem.*	8	8		1/2 du nombre en place.	
C. N.	C. N.			Phase 3.	*Idem.*	9	9		Le nombre en place.	
C. N.	C. N.			Entretoises pour segments de piston	*Idem.*	10	10		1/4 du nombre en place.	
C. N.	C. N.			Ressorts.	*Idem.*	11	11		Le nombre en place.	
C. N.	C. N.			Coussinets ou douilles. De pied de bielle.	*Idem.*	12	12		1 garniture de chaque type.	
C. N.	C. N.			De tête de bielle.	*Idem.*	13	13		1 de chaque type.	
C. N.	C. N.			D'arbre moteur	*Idem.*	14	14		1 de chaque type.	
C. N.	C. N.			Joints divers.	*Idem.*	15	15		Le nombre en place.	

DIRECTIONS de travaux à verser où s'opèrent : Les délivrances de 1er armement.	Les délivrances en remplacement ; les 1res délivrances, les renouvellements et les réparations.	NUMÉROS D'ORDRE de la nomenclature. Par unité collective.	Par unité simple.	NOMENCLATURE DES OBJETS À FOURNIR.	ESPÈCES des unités.	[illegible]	REPÈRES.	BASES DES DÉLIVRANCES. [illegible]	[illegible]	OBSERVATIONS.
1	2	3	4	5	6	7	8	9	10	11
				Pompes à pétrole conduites par les moteurs.						(a) Avec minimum de 1 de chaque dimension.
C. N.	C. N.			Pistons complets	Nombre.	1	1		2 de chaque type.	
C. N.	C. N.			Douilles de guidage des pistons	*Idem.*	2	2		1/4 du nombre en place.	
C. N.	C. N.			Garnitures de presse-étoupes	*Idem.*	3	3		Quantité en place.	
C. N.	C. N.			Grain de presse-étoupes	*Idem.*	4	4		1/4 du nombre en place (a).	
C. N.	C. N.			Chapeaux de presse-étoupes	*Idem.*	5	5		1/4 *Idem.* (a).	
C. N.	C. N.			Clapets d'aspiration et de refoulement	*Idem.*	6	6		1/4 *Idem.*	
C. N.	C. N.			Boîtes à clapets de retenue sur conduite de refoulement, garnies	*Idem.*	7	7		1/4 *Idem.*	
C. N.	C. N.			Coussinets ou douilles pour articulations des pompes	*Idem.*	8	8		1 garniture de chaque type.	
C. N.	C. N.			Ressorts	*Idem.*	9	9		Le nombre en place.	
				Pompes à huile de graissage et de refroidissement conduites par les moteurs.						
C. N.	C. N.			Pistons complets avec tige	Nombre.	10	10		1 de chaque type.	
C. N.	C. N.			Bielle complète avec coussinet, axe et chape de pied	*Idem.*	11	11		1 *Idem.*	
C. N.	C. N.			Chapeau de presse-étoupes	*Idem.*	12	12		1 *Idem.*	
C. N.	C. N.			Grain de presse-étoupes	*Idem.*	13	13		1 *Idem.*	
C. N.	C. N.			Garniture de piston	*Idem.*	14	14		Quantité en place sur 1 moteur.	
C. N.	C. N.			Clapets d'aspiration avec siège et ressorts	*Idem.*	15	15		1/4 du nombre en place.	
C. N.	C. N.			Clapet de refoulement avec siège et ressorts	*Idem.*	16	16		1/4 *Idem.*	
C. N.	C. N.			Coussinet ou douille pour articulation des pompes	*Idem.*	17	17		1 garniture de chaque type.	
C. N.	C. N.			Robinets de purge	*Idem.*	18	18		1/4 du nombre en place.	

DIRECTIONS ou services à terre où s'opèrent : Les délivrances aux 1ers armements.	Les délivrances en remplacement, les 1res délivrances, les consommations courantes et les réparations.	NUMÉROS D'ORDRE de la NOMENCLATURE. Par unité collective.	Par unité simple.	NOMENCLATURE DES OBJETS À FOURNIR.	ESPÈCES des unités.	REPÈRES.	REPÈRES.	BASES DES DÉLIVRANCES. ARMEMENT.	RECHANGES.	OBSERVATIONS.
1	2	3	4	5	6	7	8	9	10	11
				RECHANGES DIVERS POUR MOTEURS SULZER (a).						(a) Ces rechanges complètent mais ne s'ajoutent pas à ceux des organes principaux indiqués ci-devant. (b) Avec minimum de 1 de chaque dimension.
C. N.	C. N.			Coussinets	Nombre.	1	1		1 garniture de chaque type.	
C. N.	C. N.			Bagues, dés, douilles, etc.	*Idem.*	2	2		1/4 du nombre en place (b).	
C. N.	C. N.			Roulements et butées à billes	*Idem.*	3	3		1/4 *Idem.*	
C. N.	C. N.			Ressorts divers	*Idem.*	4	4		1/4 *Idem.*	
C. N.	C. N.			Joints divers et garnitures.	*Idem.*	5	5		Le nombre en place.	
C. N.	C. N.			Boulons, vis, prisonniers des pièces démontables.	*Idem.*	6	6		1/20 du nombre en place (b).	
C. N.	C. N.			Lanternes garnies pour filtre. — A huile des moteurs	*Idem.*	7	7		1 de chaque type.	
C. N.	C. N.			Lanternes garnies pour filtre. — A pétrole des moteurs.	*Idem.*	8	8		1 *Idem.*	
C. N.	C. N.			Lanternes garnies pour filtre. — A eau des moteurs.	*Idem.*	9	9		1 *Idem.*	
C. N.	C. N.			Lanternes garnies pour filtre. — A huile des butées.	*Idem.*	10	10		1 *Idem.*	
C. N.	C. N.			Conduits flexibles pour la réfrigération des soupapes	*Idem.*	11	11		1 *Idem.*	

Directions [illegible] : Les délivrances du 1er armement.	Directions [illegible] : Les délivrances ou remplacement, les 1res délivrances, les renouvellements et les réparations.	Numéros d'ordre de la nomenclature : Par unité collective.	Numéros d'ordre de la nomenclature : Par unité simple.	Nomenclature des objets [illegible]	Espèces des unités.	Repères.	Repères.	Bases des délivrances : [illegible]	Bases des délivrances : [illegible]	Observations.
1	2	3	4	5	6	7	8	9	10	11
				MOTEURS SCHNEIDER.						
C. N.	C. N.			Piston moteur avec garniture et goujons d'assemblage	Nombre.	1	1		1	
C. N.	C. N.			Fonds de piston avec garniture	*Idem.*	2	2		1 par moteur.	
C. N.	C. N.			Segments pour garniture de piston moteur	*Idem.*	3	3		1/4 du nombre en place.	
C. N.	C. N.			Boulons d'assemblage formant enveloppe de trombone de refroidissement des pistons	*Idem.*	4	4		La garniture de 2 pistons.	
C. N.	C. N.			Lances pour trombone de refroidissement des pistons	*Idem.*	5	5		*Idem.*	
C. N.	C. N.			Coussinets de tête de bielle	*Idem.*	6	6		La garniture de 3 bielles	
C. N.	C. N.			Coussinets ou douilles du pied de bielle	*Idem.*	7	7		*Idem.*	
C. N.	C. N.			Coussinets d'arbre moteur	*Idem.*	8	8		[illegible] de chaque type.	
C. N.	C. N.			Soupapes d'injection de combustible complètes avec boîtes et leviers	*Idem.*	9	9		1/4 du nombre en place.	
C. N.	C. N.			Leviers de commande des soupapes à combustibles avec axes	*Idem.*	10	10		1 de chaque type par moteur.	
C. N.	C. N.			Aiguilles d'injection avec douilles de guidage et pulvérisateurs	*Idem.*	11	11		1/4 d nombre en place.	
C. N.	C. N.			Soupapes de lancement complètes	*Idem.*	12	12		*Idem.*	
C. N.	C. N.			Galets de commande des soupapes avec leurs axes. — A combustible	*Idem.*	13	13		*Idem.*	
C. N.	C. N.			Galets de commande des soupapes avec leurs axes. — de balayage	*Idem.*	14	14		*Idem.*	
C. N.	C. N.			Galets de commande des soupapes avec leurs axes. — De lancement	*Idem.*	15	15		*Idem.*	
C. N.	C. N.			Rondelles Belleville pour piston moteur	*Idem.*	16	16		*Idem.*	
C. N.	C. N.			Plaques de tuyère	*Idem.*	17	17		*Idem.*	
C. N.	C. N.			Écrou de serrage pour plaque de tuyère	*Idem.*	18	18		*Idem.*	
C. N.	C. N.			Garnitures de presse-étoupes des soupapes à combustible	*Idem.*	19	19		Quantité en place.	
C. N.	C. N.			Soupapes de sûreté des cylindres moteurs complètes	*Idem.*	20	20		1/4 du nombre en place.	
C. N.	C. N.			Soupapes de balayage complètes avec boîtes	*Idem.*	21	21		*Idem.*	
C. N.	C. N.			Leviers de commande des soupapes de balayage avec axes	*Idem.*	22	22		1 de chaque type par moteur.	
C. N.	C. N.			Vis poussoir des leviers de commande des soupapes. — A combustible	*Idem.*	23	23		1/4 du nombre en place.	
C. N.	C. N.			Vis poussoir des leviers de commande des soupapes. — De lancement	*Idem.*	24	24		*Idem.*	

DIRECTIONS ou services à venir ou s'opèrent :		NUMÉROS D'ORDRE de la nomenclature.		NOMENCLATURE DES OBJETS À FOURNIR.	ESPÈCES des unités.	REPÈRES.	REPÈRES.	BASES DES DÉLIVRANCES.		OBSERVATIONS.
Les délivrances au 1er armement.	Les délivrances au remplacement ; les 1res délivrances, les renouvellements et les réparations.	Par unité collective.	Par unité simple.					[illegible]	[illegible]	
1	2	3	4	5	6	7	8	9	10	11
				Compresseurs d'insufflation et de balayage.						
C. N.	C. N.			Soupapes d'aspiration et de refoulement d'air d'insufflation comprenant sièges ou boîtes formant siège, clapets et ressorts. — Phase 1	Nombre.	1	1		Le nombre en place sur 1 moteur.	
C. N.	C. N.			Phase 2	*Idem.*	2	2		*Idem.*	
C. N.	C. N.			Phase 3	*Idem.*	3	3		*Idem.*	
C. N.	C. N.			Clapets d'aspiration et de refoulement d'air d'insufflation. — Phase 1	*Idem.*	4	4		1/4 du nombre en place.	
C. N.	C. N.			Phase 2	*Idem.*	5	5		1/2 du nombre en place.	
C. N.	C. N.			Phase 3	*Idem.*	6	6		Le nombre en place.	
C. N.	C. N.			Segments pour pistons d'insufflation. — Phase 1	*Idem.*	7	7		La garniture d'un piston.	
C. N.	C. N.			Phase 2	*Idem.*	8	8		1/2 du nombre en place.	
C. N.	C. N.			Phase 3	*Idem.*	9	9		Le nombre en place.	
C. N.	C. N.			Entretoises de segments de piston d'insufflation	*Idem.*	10	10		1/4 du nombre en place.	
C. N.	C. N.			Ressorts pour compresseur d'insufflation	*Idem.*	11	11		Le nombre en place.	
C. N.	C. N.			Coussinets de tête de bielle	*Idem.*	12	12		1 garniture de chaque type.	
C. N.	C. N.			Coussinets ou douilles de pied de bielle	*Idem.*	13	13		*Idem.*	
C. N.	C. N.			Coussinets de l'arbre moteur	*Idem.*	14	14		*Idem.*	
C. N.	C. N.			Segments pour piston de balayage	*Idem.*	15	15		La garniture d'un piston	
C. N.	C. N.			Sièges et contre-sièges des clapets d'aspiration et de refoulement du compresseur de balayage	*Idem.*	16	16		Le nombre en place sur 1 cylindre	
C. N.	C. N.			Clapets d'aspiration et clapets de refoulement pour compresseur de balayage	*Idem.*	17	17		*Idem.*	
C. N.	C. N.			Ressorts pour clapets de compresseur de balayage	*Idem.*	18	18		Le nombre en place sur 1 moteur.	

DIRECTIONS DE SERVICE À TERRE où s'opèrent : Les délivrances de 1er armement.	Les délivrances en réarmement; les 1res délivrances; les renouvellements et les réparations.	NUMÉROS D'ORDRE de la nomenclature. Par unité collective.	Par unité simple.	NOMENCLATURE DES OBJETS À FOURNIR.	ESPÈCES des unités.	REPÈRES.	REPÈRES.	BASES DES DÉLIVRANCES. ARMEMENT.	RECHANGES.	OBSERVATIONS.
1	2	3	4	5	6	7	8	9	10	11
				POMPES À PÉTROLE CONDUITES PAR LES MOTEURS.						(1) Avec minimum de 1 de chaque dimension.
C. N.	C. N.			Pistons complets	Nombre.	1	1		[illegible]	
C. N.	C. N.			Douilles de guidage des pistons	Idem.	2	2		1/4 de la quantité en place.	
C. N.	C. N.			Garniture de presse-étoupes	Idem.	3	3		Quantité en place	
C. N.	C. N.			Chapeau de presse-étoupes	Idem.	4	4		1/4 du nombre en place (1).	
C. N.	C. N.			Grain de presse-étoupe	Idem.	5	5		1/2 Idem.	
C. N.	C. N.			Clapets d'aspiration et de refoulement	Idem.	6	6		1/4 Idem.	
C. N.	C. N.			Boîtes à clapets de retenue sur conduite de refoulement garnie	Idem.	7	7		1/4 Idem.	
C. N.	C. N.			Coussinets ou douilles pour articulation des pompes	Idem.	8	8		1 garniture de chaque type.	
C. N.	C. N.			Ressorts	Idem.	9	9		Le nombre en place sur 1 moteur.	
				POMPES À HUILE DE GRAISSAGE ET DE REFROIDISSEMENT CONDUITES PAR LES MOTEURS.						
				I. *Pompes à piston.*						
C. N.	C. N.			Chapeau de presse-étoupes	Nombre.	10	10		1 de chaque type.	
C. N.	C. N.			Grains de presse-étoupes	Idem.	11	11		1 Idem.	
C. N.	C. N.			Pistons complets avec tige	Idem.	12	12		1 Idem.	
C. N.	C. N.			Garniture de piston	Idem.	13	13		Quantité en place sur 1 moteur.	
C. N.	C. N.			Clapets d'aspiration avec sièges et ressorts	Idem.	14	14		1/4 du nombre en place.	
C. N.	C. N.			Clapets de refoulement avec sièges et ressorts	Idem.	15	15		Idem.	
C. N.	C. N.			Bielle complète avec coussinet, axe et chape de pied	Idem.	16	16		1 de chaque type.	
C. N.	C. N.			Coussinet ou douilles pour articulation des pompes	Idem.	17	17		1 garniture de chaque type.	
C. N.	C. N.			Robinets de purge	Idem.	18	18		1/4 du nombre en place.	
				II. *Pompes à engrenages.*						
C. N.	C. N.			Douilles pour arbres des engrenages	Nombre.	19	19		La garniture d'une pompe.	

DIRECTIONS ou services à [illegible] où s'opèrent : Les délivrances de 1er armement.	Les délivrances en remplacement ; les 1res délivrances, les renouvellements et les réparations.	NUMÉROS D'ORDRE de la nomenclature. Par unité collective.	Par unité simple.	NOMENCLATURE DES OBJETS À FOURNIR.	ESPÈCES des unités.	REPÈRES.	REPÈRES.	BASES DES DÉLIVRANCES. Armement.	Rechanges.	OBSERVATIONS.
1	2	3	4	5	6	7	8	9	10	11
				Rechanges divers pour moteurs [illegible] (a).						(a) Ces rechanges complètent mais ne s'ajoutent pas à ceux des organes principaux indiqués ci-devant. (b) Avec minimum de 1 de chaque dimension.
C. N.	C. N.			Coussinets	Nombre.	1	1		1 garniture complète.	
C. N.	C. N.			Bagues, dés, douilles, etc.	*Idem.*	2	2		1/4 du nombre en place (b).	
C. N.	C. N.			Roulements et butées à billes	*Idem.*	3	3		1/4 *Idem.*	
C. N.	C. N.			Ressorts divers	*Idem.*	4	4		1/4 *Idem.*	
C. N.	C. N.			Joints divers et garnitures	*Idem.*	5	5		Le nombre en place.	
C. N.	C. N.			Boulons, vis ou prisonniers des pièces démontables	*Idem.*	6	6		1/20 du nombre en place (b).	
C. N.	C. N.			Lanternes garnies pour filtre. — A huile des moteurs	*Idem.*	7	7		1 de chaque type.	
C. N.	C. N.			Lanternes garnies pour filtre. — A pétrole des moteurs	*Idem.*	8	8		*Idem.*	
C. N.	C. N.			Lanternes garnies pour filtre. — A eau des moteurs	*Idem.*	9	9		*Idem.*	
C. N.	C. N.			Lanternes garnies pour filtre. — A huile des butées	*Idem.*	10	10		*Idem.*	
C. N.	C. N.			Conduits flexibles pour la réfrigération des soupapes	*Idem.*	11	11		1 de chaque type.	

DIRECTIONS [illegible] : Les délivrances au 1er armement.	DIRECTIONS [illegible] : Les délivrances au réarmement, les 1res délivrances, les remplacements et les réparations.	NUMÉROS D'ORDRE de la [illegible] : Par unité collective.	NUMÉROS D'ORDRE : Par unité simple.	NOMENCLATURE DES OBJETS À FOURNIR.	ESPÈCES des unités.	REPÈRES.	REPÈRES.	BASES DES DÉLIVRANCES. [illegible]	BASES DES DÉLIVRANCES. [illegible]	OBSERVATIONS.
1	2	3	4	5	6	7	8	9	10	11
				MOTEURS SYSTÈME VICKERS.						
C. N.	C. N.			Pistons moteurs complets avec garniture et axe de pied de bielle	Nombre.	1	1		1/4 du nombre en place.	
C. N.	C. N.			Segments pour garniture de piston moteur	*Idem.*	2	2		*Idem.*	
C. N.	C. N.			Coussinets. De pied de bielle	*Idem.*	3	3		Garniture de 2 bielles.	
C. N.	C. N.			Coussinets. De tête de bielle	*Idem.*	4	4		*Idem.*	
C. N.	C. N.			Coussinets. D'arbre moteur	*Idem.*	5	5		2 de chaque type.	
C. N.	C. N.			Soupapes d'injection de combustible complètes avec boîtes	*Idem.*	6	6		1/4 du nombre en place.	
C. N.	C. N.			Arbres et douilles oscillants	*Idem.*	7	7		*Idem.*	
C. N.	C. N.			Aiguilles d'injection avec douille de guidage	*Idem.*	8	8		*Idem.*	
C. N.	C. N.			Soupapes d'aspiration complètes avec boîtes et axes d'entraînement	*Idem.*	9	9		*Idem.*	
C. N.	C. N.			Soupapes d'échappement complètes avec boîtes et axes d'entraînement	*Idem.*	10	10		*Idem.*	
C. N.	C. N.			Clapets de soupapes d'aspiration	*Idem.*	11	11		*Idem.*	
C. N.	C. N.			Clapets de soupape d'échappement	*Idem.*	12	12		Quantité en place sur 1 moteur.	
C. N.	C. N.			Soupapes de lancement complètes	*Idem.*	13	13		2	
C. N.	C. N.			Soupapes de sûreté sur cylindres moteurs	*Idem.*	14	14		1/4 du nombre en place.	
C. N.	C. N.			Conduits flexibles pour refroidissement des clapets d'échappement avec raccords	*Idem.*	15	15		1/[illegible] du nombre en place.	
C. N.	C. N.			Clapets pour distributeurs d'air de lancement	*Idem.*	16	16		2	
C. N.	C. N.			Galets de commande des soupapes avec leurs axes	*Idem.*	17	17		1/4 du nombre en place.	
C. N.	C. N.			Brûleurs pour soupapes d'injection de combustible	*Idem.*	18	18		1/2 du nombre en place.	
C. N.	C. N.			Écrous d'attache des brûleurs	*Idem.*	19	19		1 par moteur.	
C. N.	C. N.			Filtres complets pour soupapes à combustible	*Idem.*	20	20		1/4 du nombre en place.	
C. N.	C. N.			Garniture de presse-étoupes pour arbres des soupapes à combustible	*Idem.*	21	21		Quantité en place.	
C. N.	C. N.			Leviers de commande des soupapes à combustible	*Idem.*	22	22		1 de chaque type par moteur.	
C. N.	C. N.			Bouchons, pointeaux et billes formant clapet sur les soupapes à combustible	*Idem.*	23	23		1/4 du nombre en place.	

DIRECTIONS des services à terre où s'opèrent : Les délivrances de 1er armement.	Les délivrances en remplacement : les 1res délivrances, les remplacements et les réparations.	NUMÉROS D'ORDRE de la nomenclature. Par unité collective.	Par unité simple.	NOMENCLATURE DES OBJETS À FOURNIR.	ESPÈCE des unités.	REPÈRES.
1	2	3	4	5	6	7
				POMPES À PÉTROLE CONDUITES PAR LES MOTEURS (POMPES À HAUTE PRESSION).		
C. N.	C. N.			Pistons complets.	Nombre.	1
C. N.	C. N.			Douille de guidage des pistons.	*Idem.*	2
C. N.	C. N.			Garniture de presse-étoupes	*Idem.*	3
C. N.	C. N.			Clapets d'aspiration	*Idem.*	4
C. N.	C. N.			Clapets de refoulement	*Idem.*	5
C. N.	C. N.			Sièges pour clapets. Aspiration	*Idem.*	6
C. N.	C. N.			Sièges pour clapets. Refoulement.	*Idem.*	7
C. N.	C. N.			Bielle avec coussinet à rotule complète	*Idem.*	8
C. N.	C. N.			Poussoir.	*Idem.*	9
C. N.	C. N.			Ressorts.	*Idem.*	10
C. N.	C. N.			Chapeau de presse-étoupes	*Idem.*	11
C. N.	C. N.			Grains de presse-étoupes.	*Idem.*	12
C. N.	C. N.			Bouchons, pointeaux et billes formant clapet	*Idem.*	13
				POMPES DE CIRCULATION D'HUILE DE GRAISSAGE ET DE REFROIDISSEMENT CONDUITES PAR MOTEURS.		
C. N.	C. N.			Clapets d'aspiration avec sièges	Nombre.	14
C. N.	C. N.			Clapets de refoulement avec sièges.	*Idem.*	15
C. N.	C. N.			Garnitures de piston	*Idem.*	16
C. N.	C. N.			Ressorts pour clapets.	*Idem.*	17
C. N.	C. N.			Chapeaux de presse-étoupes	*Idem.*	18
C. N.	C. N.			Grains de presse-étoupes.	*Idem.*	19
C. N.	C. N.			Pistons complets avec tige.	*Idem.*	20
C. N.	C. N.			Bielle complète avec coussinet et chape de pied	*Idem.*	21
C. N.	C. N.			Robinets de purge	*Idem.*	22
C. N.	C. N.			Coussinets pour articulation des pompes	*Idem.*	23

REPÈRES.	BASES DES DÉLIVRANCES. ARMEMENT.	RECHANGES.	OBSERVATIONS.
8	9	10	11
			(A) Avec minimum de 1 de chaque dimension.
1		1/2 du nombre en place sur 1 moteur.	
2		*Idem.*	
3		Quantité en place.	
4		1/2 du nombre en place sur 1 moteur.	
5		*Idem.*	
6		1/2 du nombre en place sur 1 moteur.	
7		*Idem.*	
8		1	
9		1 de chaque type.	
10		Nombre en place.	
11		1/4 du nombre en place (A).	
12		*Idem.*	
13		*Idem.*	
14		1/4 du nombre en place.	
15		*Idem.*	
16		Quantité en place sur 1 moteur.	
17		Le nombre en place.	
18		1 de chaque type.	
19		*Idem.*	
20		*Idem.*	
21		1 de chaque type.	
22		1/4 du nombre en place.	
23		1 garniture de chaque type.	

DIRECTIONS du service à terre où s'opèrent : Les délivrances au 1er armement.	Les délivrances en remplacement des 1res délivrances, les renouvellements et les réparations.	NUMÉROS D'ORDRE de la nomenclature. Par unité collective.	Par unité simple.	NOMENCLATURE DES OBJETS À FOURNIR.	ESPÈCES des unités.	REPÈRES.	REPÈRES.	BASES DES DÉLIVRANCES. ARMEMENT.	RECHANGES.	OBSERVATIONS.
1	2	3	4	5	6	7	8	9	10	11
				Organes divers des moteurs Vedettes (A).						
C. N.	C. N.			Segments de piston, autres que ceux des pistons moteurs	Nombre.	1	1		1/2 du nombre en place (B).	(A) Ces rechanges complètent mais ne s'ajoutent pas à ceux des organes principaux indiqués ci-devant. (B) Avec minimum de 1 de chaque dimension.
C. N.	C. N.			Clapets et sièges autres que ceux d'aspiration et d'échappement.	Idem.	2	2		2 de chaque type.	
C. N.	C. N.			Coussinets	Idem.	3	3		1 garniture de chaque type.	
C. N.	C. N.			Bagues, dés, douilles, etc.	Jeu.	4	4		1	
C. N.	C. N.			Roulements et butées à billes	Nombre.	5	5		1/4 du nombre en place (B).	
C. N.	C. N.			Ressorts divers	Idem.	6	6		1/2 du nombre en place.	
C. N.	C. N.			Joints divers et garnitures.	Idem.	7	7		Le nombre en place.	
C. N.	C. N.			Lanternes garnies pour filtre. — A huile des moteurs.	Idem.	8	8		1 de chaque type.	
C. N.	C. N.			Lanternes garnies pour filtre. — A pétrole des moteurs.	Idem.	9	9		Idem.	
C. N.	C. N.			Lanternes garnies pour filtre. — A eau des moteurs.	Idem.	10	10		Idem.	
C. N.	C. N.			Lanternes garnies pour filtre. — A huile des butées.	Idem.	11	11		Idem.	
C. N.	C. N.			Raccords sur conduits de refoulement à haute pression.	Idem.	12	12		1/4 du nombre en place.	
C. N.	C. N.			Boulons, vis, prisonniers des pièces démontables.	Idem.	13	13		1/20 du nombre en place (B).	
				Bouilleurs et condenseurs.						
C. N.	C. N.			Serpentins.	Nombre.	14	14		La quantité en place.	
				ou						
C. N.	C. N.			Faisceau tubulaire complet avec plaque à tubes pour bouilleur	Idem.	15	15		Idem.	
C. N.	C. N.			Tubes pour condenseurs	Idem.	16	16		1/20 du nombre en place.	
C. N.	C. N.			Joints.	Idem.	17	17		La quantité en place.	
C. N.	C. N.			Boulons, vis, prisonniers des pièces démontables.	Idem.	18	18		1/10 du nombre en place (B).	
				Réfrigérants moteurs principaux.						
C. N.	C. N.			Tubes pour réfrigérants.	Nombre.	19	19		1/20 du nombre en place.	
C. N.	C. N.			Tamponnement des tubes. — Bouchons filetés	Idem.	20	20		1/50 du nombre de tubes en place.	
				ou						
C. N.	C. N.			Tamponnement des tubes. — Tampons filetés.	Idem.	21	21		Idem.	
C. N.	C. N.			Zincs pour la conservation des réfrigérants.	Idem.	22	22		La quantité en place.	

DIRECTIONS ou services à terre où s'opèrent :		NUMÉROS D'ORDRE de la nomenclature.		NOMENCLATURE DES OBJETS À FOURNIR.	ESPÈCES des unités.	REPÈRES.	REPÈRES.	BASES DES DÉLIVRANCES.		OBSERVATIONS.
Les délivrances au 1er armement.	Les délivrances en remplacement, les 1res délivrances, les renouvellements et les réparations.	Par unité multiple.	Par unité simple.					ARMEMENT.	RECHANGES.	
1	2	3	4	5	6	7	8	9	10	11
				Pompe à pétrole centrifuge indépendante (de litres) (A).						
C. N.	C. N.			Coussinets, bagues, butées	Nombre.	1	1		1 de chaque type.	
C. N.	C. N.			Appareil tournant complet avec arbre	*Idem.*	2	2		1	
C. N.	C. N.			Galets de friction	*Idem.*	3	3		1	
C. N.	C. N.			Boulons, vis ou prisonniers de la pompe	*Idem.*	4	4		1/20 du nombre en place (a).	
C. N.	C. N.			Chapeau de presse-étoupes	*Idem.*	5	5		1 de chaque type.	
C. N.	C. N.			Grain de presse-étoupes	*Idem.*	6	6		*Idem.*	
				Pompe à pétrole, à clapets, indépendante (de litres) (A).						
C. N.	C. N.			Coussinets, bagues, butées	Nombre.	7	7		1 de chaque type.	
C. N.	C. N.			Clapets d'aspiration	*Idem.*	8	8		1	
C. N.	C. N.			Clapets de refoulement	*Idem.*	9	9		1	
C. N.	C. N.			Piston complet avec tige et garniture	*Idem.*	10	10		1 de chaque type.	
C. N.	C. N.			Ressorts des clapets	*Idem.*	11	11		1	
C. N.	C. N.			Chapeau de presse-étoupes	*Idem.*	12	12		1 de chaque type.	
C. N.	C. N.			Grain de presse-étoupes	*Idem.*	13	13		*Idem.*	
C. N.	C. N.			Boulons, vis ou prisonniers de la pompe	*Idem.*	14	14		1/20 du nombre en place (a).	

(A) Les rechanges du moteur de la pompe font partie du matériel Électricité.

Les rechanges sont prévus pour 1 appareil ou 2 appareils identiques, ils seront doublés pour plus de 2 appareils.

(a) Avec minimum de 1 de chaque type.

DIRECTIONS [illegible] : Les délivrances au 1er armement.	Les délivrances en réarmement; les 1res délivrances; les renouvellements et les réparations.	NUMÉROS D'ORDRE de la nomenclature. Par unité collective.	Par unité simple.	NOMENCLATURE DES OBJETS À FOURNIR.	ESPÈCES des unités.	REPÈRES.	REPÈRES.	BASES DES DÉLIVRANCES. ARMEMENT.	RECHANGES.	OBSERVATIONS.
1	2	3	4	5	6	7	8	9	10	11
				Pompe à eau indépendante de circulation et de refroidissement des cylindres (a).						(a) Les rechanges du moteur font partie du matériel Électricité. (b) Avec minimum de 1 de chaque type. (c) Le jeu comprend la quantité en place sur 1 moteur.
C. N.	C. N.			Arbre pour roue à aubes	Nombre.	1	1		1 par moteur.	
C. N.	C. N.			Roues à aubes.	Idem.	2	2		1 de chaque type.	
C. N.	C. N.			Coussinets ou douilles	Idem.	3	3		Matériel électricité.	
C. N.	C. N.			Boulons, vis ou prisonniers des pièces démontables	Idem.	4	4		1/20 du nombre en place (b).	
C. N.	C. N.			Chapeau de presse-étoupes	Idem.	5	5		1 de chaque type.	
C. N.	C. N.			Grains de presse-étoupes.	Idem.	6	6		Idem.	
				Pompe indépendante à huile et à eau chaude.						
C. N.	C. N.			Arbres pour roues à aubes	Nombre.	7	7		1 par moteur.	
C. N.	C. N.			Roues à aubes.	Idem.	8	8		1 de chaque type.	
C. N.	C. N.			Coussinets ou douilles	Idem.	9	9		Matériel électricité.	
C. N.	C. N.			Boulons, vis ou prisonniers des pièces démontables	Idem.	10	10		1/20 du nombre en place (b).	
C. N.	C. N.			Chapeau de presse-étoupes	Idem.	11	11		1 de chaque type.	
C. N.	C. N.			Grain de presse-étoupes	Idem.	12	12		Idem.	
				Turbo-soufflante indépendante pour moteurs principaux (a).						
C. N.	C. N.			Joints divers	Jeu.	13	13		1	
C. N.	C. N.			Boulons, vis ou prisonniers des pièces démontables	Nombre.	14	14		1/20 du nombre place (b)	
C. N.	C. N.			Coussinets	Jeu.	15	15		1 (c).	
				Séparateur d'huile hydrocentrifuge Hignette (a).						
C. N.	C. N.			Boulons, vis ou prisonniers des pièces démontables	Nombre.	16	16		1/20 du nombre en place (b).	

DIRECTIONS ou services à charge de l'opération : Les délivrances au 1er armement.	Les délivrances en réarmement ; les 1res délivrances ; les renouvellements et les réparations.	NUMÉROS D'ORDRE de la nomenclature. Par unité collective.	Par unité simple.	NOMENCLATURE DES OBJETS À FOURNIR.	ESPÈCES des unités.	REPÈRES.	REPÈRES.	BASES DES DÉLIVRANCES. Armement.	Rechanges.	OBSERVATIONS.
1	2	3	4	5	6	7	8	9	10	11
				Pompe à eau pour la réfrigération des moteurs électriques (a):						(a) Les rechanges du moteur font partie du matériel Électricité.
C. N.	C. N.			Tige de piston à eau	Nombre.	1	1		1	(b) Avec minimum de 1 de chaque type.
C. N.	C. N.			Garniture de piston complète	Idem.	2	2		1	
C. N.	C. N.			Clapets d'aspiration et de refoulement	Idem.	3	3		Le nombre en place.	
C. N.	C. N.			Sièges des clapets d'aspiration et de refoulement	Idem.	4	4		Idem.	
C. N.	C. N.			Ressorts	Idem.	5	5		1 de chaque type.	
C. N.	C. N.			Boulons, vis ou prisonniers des pièces démontables	Idem.	6	6		1/20 du nombre en place (b).	
				Réfrigérants des moteurs électriques.						
C. N.	C. N.			Tubes pour réfrigérants	Nombre.	7	7		1/20 du nombre en place.	
C. N.	C. N.			Tamponnement des tubes. Bouchons filetés	Idem.	8	8		1/50 du nombre de tubes en place.	
				ou						
C. N.	C. N.			Tamponnement des tubes. Tampons filetés	Idem.	9	9		Idem.	
C. N.	C. N.			Zincs pour la conservation des réfrigérants	Idem.	10	10		La quantité en place.	
				Vireurs des moteurs principaux (a)						
C. N.	C. N.			Boulons, vis ou prisonniers des pièces démontables	Nombre	11	11		1/20 du nombre en place (b).	
				Moteurs pour tous (a).						
C. N.	C. N.			Boulons, vis ou prisonniers des pièces démontables	Nombre.	12	12		1/20 du nombre en place (b).	

DIRECTIONS [illegible] : Les délivrances au 1er armement.	Les délivrances au désarmement; les 1res délivrances; les renouvellements et les réparations.	NUMÉROS D'ORDRE de la [illegible] : Par unité collective.	Par unité simple.	NOMENCLATURE DES OBJETS À FOURNIR	ESPÈCES des unités.	REPÈRES.	REPÈRES.	BASES DES DÉLIVRANCES : Armement.	Rechanges.	OBSERVATIONS.
1	2	3	4	5	6	7	8	9	10	11
				§ II. — MATÉRIEL D'ARMEMENT ET SES RECHANGES.						
C. N.	C. N.	101		Clés de démontage : Pour pompe à pétrole de.... litres	Jeu.	1	1	1		
C. N.	C. N.	101		Clés de démontage : Pour pompe à eau	*Idem.*	2	2	1		
C. N.	C. N.	101		Clés de démontage : Pour pompe à huile	*Idem.*	3	3	1		
C. N.	C. N.	101		Clés de démontage : Pour turbo-soufflante indépendante des moteurs principaux	*Idem.*	4	4	1		
C. N.	C. N.	101		Clés de démontage : Pour séparateur d'huile Hignette	*Idem.*	5	5	1		
C. N.	C. N.	101		Clés de démontage : Pour moteur du tour	*Idem.*	6	6	1		
C. N.	C. N.	101		Extracteurs de roulements à billes : Pour pompe à pétrole de.... litres	*Idem.*	7	7	1		
C. N.	C. N.	101		Extracteurs de roulements à billes : Pour pompe à eau	*Idem.*	8	8	1		
C. N.	C. N.	101		Extracteurs de roulements à billes : Pour pompe à huile	*Idem.*	9	9	1		
C. N.	C. N.	101		Extracteurs de roulements à billes : Pour séparateur d'huile Hignette	*Idem.*	10	10	1		
				BUTÉES. — LIGNES D'ARBRES.						
C. N.	C. N.			Butées à collet fixe	Nombre.	11	11		1/4 du nombre en place.	
C. N.	C. N.			Butées à billes : Cuvettes à billes	*Idem.*	12	12		*Idem.*	
C. N.	C. N.			Butées à billes : Billes	*Idem.*	13	13		1 de chaque type.	
				Butées Mitchell. — Patins de frottement	Jeu.	14	14		*Idem.*	
C. N.	C. N.			Coussinets pour ligne d'arbre	Nombre.	15	15			
C. N.	C. N.			Manomètre	*Idem.*	16	16	Voir page 3[illegible].		
C. N.	C. N.			Téléthermomètre Fournier	*Idem.*	17	17			

DIRECTIONS [illegible] où s'opèrent : Les délivrances au 1er armement	Les délivrances en remplacement, les 1res délivrances, les renouvellements et les réparations.	NUMÉROS D'ORDRE de la nomenclature. Par unité collective.	Par unité simple.	NOMENCLATURE DES OBJETS À FOURNIR.	ESPÈCES des unités.	REPÈRES.	REPÈRES.	BASES DES DÉLIVRANCES. ARMEMENT.	RECHANGE.	OBSERVATIONS.
1	2	3	4	5	6	7	8	9	10	11
				MOTEURS INDÉPENDANTS ACTIONNANT LES GROUPES ÉLECTROGÈNES.						
				Moteurs thermiques.						
C. N.	C. N.			Piston moteur complet avec garniture et goujons d'assemblage	Nombre.	1	1		1	
C. N.	C. N.			Fond de piston moteur avec garniture	*Idem.*	2	2		1	
C. N.	C. N.			Segments pour garniture de piston moteur	*Idem.*	3	3		1/4 du nombre en place.	
C. N.	C. N.			Trombones complets pour refroidissement des pistons sans tubes fixes	*Idem.*	4	4		Garniture d'un piston.	
C. N.	C. N.			Tubes fixes formant enveloppe des trombones de refroidissement des pistons avec presse-étoupes	*Idem.*	5	5		1 de chaque type.	
C. N.	C. N.			Boîte support de trombone	*Idem.*	6	6		1 de chaque type.	
C. N.	C. N.			Coussinets de pied de bielle	*Idem.*	7	7		La garniture d'une bielle.	
C. N.	C. N.			Coussinets de tête de bielle	*Idem.*	8	8		*Idem.*	
C. N.	C. N.			Coussinets d'arbre moteur	*Idem.*	9	9		1 de chaque type.	
C. N.	C. N.			Soupapes combinées d'injection, de combustible et de démarrage complètes (avec boîtes et sans soupape de démarrage auxiliaire)	*Idem.*	10	10		2	
C. N.	C. N.			Aiguilles d'injection avec douilles de guidage et pulvérisateurs	*Idem.*	11	11		2	
C. N.	C. N.			Plaque de tuyère	*Idem.*	12	12		1/4 du nombre en place.	
C. N.	C. N.			Garniture de presse-étoupes de la soupape à combustible	*Idem.*	13	13		Quantités en place.	
C. N.	C. N.			Levier de commande des soupapes à combustible complet	*Idem.*	14	14		1 de chaque type.	
C. N.	C. N.			Clapets et ressorts pour soupape de démarrage auxiliaire	*Idem.*	15	15		1/4 du nombre en place.	
C. N.	C. N.			Galets de commande des soupapes à combustible avec leurs axes	*Idem.*	16	16		1/4 du nombre en place.	
C. N.	C. N.			Vis poussoirs pour leviers de commande des soupapes à combustible	Nombre.	17	17		1/4 du nombre en place.	
C. N.	C. N.			Tube télescopique pour graissage des pieds de bielles avec garnitures	*Idem.*	18	18		La garniture d'une bielle.	
C. N.	C. N.			Joints divers	*Idem.*	19	19		Quantité en place.	
C. N.	C. N.			Grains d'attaque du levier des aiguilles	*Idem.*	20	20		1/2 du nombre en place.	
C. N.	C. N.			Tiroirs rotatifs de balayage	*Idem.*	21	21		1	
C. N.	C. N.			Écrous-chapeaux de presse-étoupes des trombones de réfrigération des pistons	*Idem.*	22	22		1/4 du nombre en place.	

DIRECTIONS de services à terre où s'opèrent :		NUMÉROS D'ORDRE de la nomenclature.		NOMENCLATURE DES OBJETS À FOURNIR.	ESPÈCES des unités.	REPÈRES.	REPÈRES.	BASES DES DÉLIVRANCES.		OBSERVATIONS.
Les délivrances de 1er armement.	Les délivrances en réarmement, les 1res délivrances, les renouvellements et les réparations.	Par unité collective.	Par unité simple.					[illegible]	[illegible]	
1	2	3	4	5	6	7	8	9	10	11
				[illegible]						
C. N.	C. N.			Soupapes d'aspiration et de refoulement comprenant sièges ou boîtes formant sièges, clapets ressorts de — 1re phase	Nombre.	1	1		1/4 du nombre en place.	
C. N.	C. N.			Idem — 2e phase.	Idem.	2	2		1/4 du nombre en place.	
C. N.	C. N.			Idem — 3e phase.	Idem.	3	3		1/2 du nombre en place.	
C. N.	C. N.			Clapets d'aspiration et clapets de refoulement de compresseurs — 1re phase	Idem.	4	4		1/4 du nombre en place.	
C. N.	C. N.			Idem — 2e phase.	Idem.	5	5		1/2 du nombre en place.	
C. N.	C. N.			Idem — 3e phase.	Idem.	6	6		Le nombre en place.	
C. N.	C. N.			Joints divers	Idem.	7	7		Le nombre en place.	
C. N.	C. N.			Coussinets de tête de bielle.	Idem.	8	8		1 garniture de chaque type.	
C. N.	C. N.			Coussinets de pied de bielle	Idem.	9	9		Idem.	
C. N.	C. N.			Coussinets de palier d'arbre	Idem.	10	10		1 de chaque type.	
C. N.	C. N.			Ressorts.	Idem.	11	11		Le nombre en place.	
C. N.	C. N.			Segments de piston du compresseur — Phase 1	Idem.	12	12		La garniture d'un piston.	
C. N.	C. N.			Idem — Phase 2	Idem.	13	13		1/2 du nombre en place.	
C. N.	C. N.			Idem — Phase 3	Idem.	14	14		Le nombre en place.	
C. N.	C. N.			Entretoises pour segments de pistons	Idem.	15	15		1/4 du nombre en place.	

DIRECTIONS DE SERVICE À VISER OÙ S'OPÈRENT : Les délivrances au 1er armement.	Les délivrances en réarmement ; les 1res délivrances, les renouvellements et les réparations.	NUMÉROS D'ORDRE DE LA NOMENCLATURE : Par unité collective.	Par unité simple.	NOMENCLATURE DES OBJETS À FOURNIR.	ESPÈCES des UNITÉS.	REPÈRES.
1	2	3	4	5	6	7
				POMPES À PÉTROLE CONDUITES PAR LES MOTEURS.		
C. N.	C. N.			Pistons complets	Nombre.	1
C. N.	C. N.			Douilles de guidage des pistons	*Idem.*	2
C. N.	C. N.			Garniture de presse-étoupes	*Idem.*	3
C. N.	C. N.			Chapeau de presse-étoupes	*Idem.*	4
C. N.	C. N.			Grains de presse-étoupes	*Idem.*	5
C. N.	C. N.			Clapets d'aspiration et clapets de refoulement	*Idem.*	6
C. N.	C. N.			Boîtes à clapets de retenue sur conduite de refoulement garnies	*Idem.*	7
C. N.	C. N.			Coussinets ou douilles pour articulation des pompes	*Idem.*	8
C. N.	C. N.			Ressorts	*Idem.*	9
				....		10
				POMPES À HUILE DE GRAISSAGE ET DE REFROIDISSEMENT CONDUITES PAR LE MOTEUR.		
C. N.	C. N.			Pistons complets avec tige	Nombre.	11
C. N.	C. N.			Bielle complète avec coussinet, axe et chape de pied	*Idem.*	12
C. N.	C. N.			Chapeau de presse-étoupes	*Idem.*	13
C. N.	C. N.			Grain de presse-étoupes	*Idem.*	14
C. N.	C. N.			Garniture pour pistons	*Idem.*	15
C. N.	C. N.			Clapets d'aspiration avec sièges et ressorts	*Idem.*	16
C. N.	C. N.			Clapets de refoulement avec sièges et ressorts	*Idem.*	17
C. N.	C. N.			Robinets de purge	*Idem.*	18
C. N.	C. N.			Coussinets ou douilles pour articulation des pompes	*Idem.*	19

REPÈRES.	BASES DES DÉLIVRANCES : ARMEMENT.	RECHANGES.	OBSERVATIONS.
8	9	10	11
1		»	
2		1/4 du nombre en place.	
3		Quantité en place.	
4		1 de chaque type.	
5		*Idem.*	
6		1/4 du nombre en place.	
7		1	
8		1 garniture de chaque type.	
9		Le nombre en place.	
10			
11		1 de chaque type.	
12		*Idem.*	
13		*Idem.*	
14		*Idem.*	
15		La garniture d'un piston de chaque type.	
16		1/4 du nombre en place.	
17		*Idem.*	
18		1 de chaque type.	
19		1 garniture de chaque type.	

DIRECTIONS DU SERVICE À TERRE ET D'ARMEMENT : Les délivrances en 1er armement.	Les délivrances en réarmement ; les 1res délivrances ; les renouvellements et les réparations.	NUMÉROS D'ORDRE DE LA NOMENCLATURE : Par unité collective.	Par unité simple.	NOMENCLATURE DES OBJETS À FOURNIR.	ESPÈCES des unités.	REPÈRES.	REPÈRES.	BASES DES DÉLIVRANCES : ARMEMENT.	RECHANGES.	OBSERVATIONS.
1	2	3	4	5	6	7	8	9	10	11
				RECHANGES DIVERS POUR MOTEURS THERMIQUES (b).						(a) Avec minimum de 1 de chaque type.
C. N.	C. N.			Coussinets	Nombre.	1	1		1 garniture de chaque type.	(b) Ces rechanges complètent mais ne s'ajoutent pas à ceux des organes principaux indiqués ci-devant.
C. N.	C. N.			Bagues, dés, douilles, etc.	*Idem.*	2	2		1/4 du nombre en place (a).	
C. N.	C. N.			Roulements et butées à billes	*Idem.*	3	3		*Idem.*	
C. N.	C. N.			Ressorts divers	*Idem.*	4	4		*Idem.*	
C. N.	C. N.			Joints divers et garnitures	*Idem.*	5	5		Le nombre en place.	
C. N.	C. N.			Boulons, vis, goujons des pièces démontables	*Idem.*	6	6		1/20 du nombre en place (a).	
C. N.	C. N.			Lanternes garnies pour filtres à huile	*Idem.*	7	7		1 de chaque type.	
C. N.	C. N.			Lanternes garnies pour filtres à pétrole	*Idem.*	8	8		*Idem.*	
C. N.	C. N.			Lanternes garnies pour filtres à eau	*Idem.*	9	9		*Idem.*	
C. N.	C. N.			Conduits flexibles pour réfrigération des soupapes	*Idem.*	10	10		1 de chaque type.	
				RÉFRIGÉRANTS GROUPES ÉLECTROGÈNES.						
C. N.	C. N.			Tubes pour réfrigérants	Nombre.	11	11		1/20 du nombre en place.	
C. N.	C. N.			Tamponnement des tubes. Bouchons filetés	*Idem.*	12	12		1/50 du nombre de tubes en place.	
C. N.	C. N.			Tamponnement des tubes. ou Tampons filetés	*Idem.*	13	13		*Idem.*	
C. N.	C. N.			Zincs pour la conservation des réfrigérants	*Idem.*	14	14		La quantité en place.	

Directions ou services à valoir où s'opèrent : Les délivrances au 1er armement.	Les délivrances au rechange ; les 1res délivrances, les renouvellements et les réparations.	Numéros d'ordre de la nomenclature. Par unité collective.	Par unité simple.	Nomenclature des objets à fournir.	Espèces des unités.	Repères.	Repères.	Bases des délivrances. Armement.	Rechanges.	Observations.
1	2	3	4	5	6	7	8	9	10	11
				Matériel pour le service du pétrole, de l'huile et de l'eau de refroidissement.						
C. N.	C. N.			Filtres complets pour l'embarquement de l'huile	Nombre.	1	1	1		
C. N.	C. N.			Filtres complets pour l'embarquement du pétrole	*Idem.*	2	2	2		
C. N.	C. N.			Tuyaux flexibles en bronze de millimètres pour embarquement du pétrole et de l'huile de 5 mètres de longueur avec raccords aux extrémités	*Idem.*	3	3	Suivant les installations.		
C. N.	C. N.			Tuyau flexible avec bout plongeur rigide de 40 millimètres et robinet pour aspiration dans les récipients à huile	*Idem.*	4	4	Suivant les installations.		
C. N.	C.N.			Nourrice avec raccords et bouchons pour aspiration dans les récipients d'huile	*Idem.*	5	5	*Idem.*		
C. N.	C. N.			Raccords de millimètres avec tapes étanches munis de deux branchements de millimètres avec tapes étanches pour embarquements du pétrole dans les soutes et w. b ext^{rs}	*Idem.*	6	6	*Idem.*		
C. N.	C. N.			Raccords de millimètres munis de deux branchements de millimètres avec tapes étanches pour embarquement du pétrole et de l'huile dans les soutes intérieures	*Idem.*	7	7	*Idem.*		
C. N.	C. N.			Couronnes en cuir pour joint des tuyaux d'embarquement du pétrole et de l'huile	*Idem.*	8	8		1/2 du nombre en place.	
C. N.	C. N.	49	768	Pompe demi-rotative à double effet système Japy (mobile)	*Idem.*	9	9	1		
C. N.	C. N.		768	Raccord pour pompe Japy	*Idem.*	10	10	1		
C. N.	C. N.			Chevalets pour pompe Japy	*Idem.*	11	11	Suivant les installations.		
C. N.	C. N.			Ressorts pour soupapes de sûreté pour tuyautage de pétrole	*Idem.*	12	12		La quantité en place.	
C. N.	C. N.			Tuyaux métalliques flexibles ordinaires en bronze de 20 millimètres de diamètre intérieur et mètres environ avec raccords pour aspiration de l'huile des caisses sous-buées	*Idem.*	13	13	Suivant les installations.		
C. N.	A. F.	109		Seaux en tôle zinguée de 80 litres pour le pétrole	*Idem.*	14	14	2		
C. N.	C. N.			Tuyau métallique flexible en bronze du diamètre de la pompe Japy et de 5 mètres de longueur avec raccords mâle et femelle pour aspiration le long du bord	*Idem.*	15	15	1		

Directions qui ont à verser ou à réparer : Les délivrances de 1er armement.	Les délivrances de remplacement : les 1res délivrances, les renouvellements et les réparations.	Numéros d'ordre de la nomenclature : Par unité collective.	Par unité simple.	Nomenclature des objets à fournir.	Espèces des unités.	Repères.	Repères.	Bases des délivrances : Armement.	Rechanges.	Observations.
1	2	3	4	5	6	7	8	9	10	11
				Matériel pour indicateur de niveau à siphons.						
C. N.	C. N.			Jeu de tubes en verre pour indicateur différentiel	Nombre.	1	1		Quantité en place.	
C. N.	C. N.			Jeu de tubes pour indicateur simple	*Idem.*	2	2		*Idem.*	
C. N.	C. N.			Glaces rondes	*Idem.*	3	3		1 par 2 manomètres.	
C. N.	C. N.			Jeu de garnitures de presse-étoupes	*Idem.*	4	4		1/20 du nombre en place.	
C. N.	C. N.			Jeu de vis, boulons, ressorts sans boîte	*Idem.*	5	5		1/10 du nombre en place.	
C. N.	C. N.			Manomètre Duplex	*Idem.*	6	6		1	
C. N.	C. N.			Outillage spécial, remplissage et essais sans boîte	*Idem.*	7	7	1		
C. N.	C. N.			Jeu de 4 règles métriques	*Idem.*	8	8	1		

DIRECTIONS de service à faire des expéditions : Les délivrances au 1er armement.	Les délivrances au recrutement : les 1res délivrances, les renouvellements et les réparations.	NUMÉROS D'ORDRE de la nomenclature. Par unité collective.	Par unité simple.	NOMENCLATURE DES OBJETS À FOURNIR.	ESPÈCES des unités.	REPÈRES.	REPÈRES.	BASES DES DÉLIVRANCES. 1er armement.	Rechanges.	OBSERVATIONS.
1	2	3	4	5	6	7	8	9	10	11
				Ustensiles, instruments, outils et objets divers pour le service des appareils moteurs à pétrole.						
C. N.	A. F.	101	2215	Becs à corbin ou pinces très fines, plats de 10 à 24 centimètres	Nombre.	1	1	2		
C. N.	A. F.	101	2208	Becs à corbin ou pinces très fines, ronds de 10 à 24 centimètres	Idem.	2	2	2		
C. N.	A. F.	109	10-14	Bidons en fer blanc à bouchon et à vis pour le pétrole de 5 litres	Idem.	3	3	3		
C. N.	A. F.	109	10-27	Boîtes en fer blanc pour matières consommables de litres	Idem.	4	4	Suivant les besoins.		
C. N.	A. F.	101	851	Boule de ferblantier à 1 pomme de 2 kilogr. 100	Idem.	5	5	1		
C. N.	A. F.	101	200 213	Burins à métaux assortis	Idem.	6	6	17		
C. N.	A. F.	101	226 227	Cisailles de ferblantier de kilogr., longueur millimètres	Idem.	7	7	1		
C. N.	A. F.	101	230 232	Cisaille universelle pour ferblantier de centimètres de longueur	Idem.	8	8	1		
C. N.	A. F.	100	608 630	Ciseaux à tête de fer pour armurier de millimètres de largeur	Idem.	9	9	2		
C. N.	A. F.	101		Calibre d'épaisseur de 20 lamelles de 0,10 jusqu'à 2 millimètres par 1/10	Idem.	10	10	1		
C. N.	A. F.	101		Clés pour démontage des hélices	Idem.	11	11	1		
C. N.	A. F.	101	7060 7004	Compas avec écrou rapide extérieur de millimètres de longueur	Idem.	12	12	1		
C. N.	A. F.	101	7130 7130	Compas maître à danser de millimètres de longueur	Idem.	13	13	1		
C. N.	A. F.	101	7110 7120	Compas droit sans ressort de millimètres de longueur	Idem.	14	14	1		
C. N.	A. F.	119	142	Cale boulangère Carlsin	Idem.	15	15	2		
C. N.	A. F.	101	7170 7175	Équerre simple 1re grandeur de millimètres de longueur développée	Idem.	16	16	2		
C. N.	A. F.	101	7150 7158	Équerre à chapeau 1re grandeur de millimètres de longueur développée	Idem.	17	17	1		
C. N.	A. F.	101	2315 2317	Étaux à main de 13 à 15 centimètres de longueur	Idem.	18	18	2		
C. N.	A. F.	101	2302 2306	Étaux à agrafe de kilogr.	Idem.	19	19	1		
C. N.	A. F.	101	2050 2052	Étaux à mors parallèle de millimètres de largeur de mors	Idem.	20	20	1		
C. N.	A. F.	101	2370 2378	Étaux à pied tournant de à kilogr.	Idem.	21	21	2		
C. N.	A. F.	101	2310	Étaux à chanfrein pour serrurier	Idem.	22	22	1		
C. N.	A. F.	101	940 945	Fers à souder pour ferblantier n° de kilogr.	Idem.	23	23	1		
C. N.	A. F.	65	2010	Fer à souder électrique avec	Idem.	24	24	1		
C. N.	C. N.			Fiche et 2 mètres de fil	Idem.	25	25			
C. N.	A. F.	101	5580	Clé à molette de 13 à 30 millimètres	Idem.	26	26			
C. N.	A. F.	101	2431	Filières pour coussinets (non munies de leurs coussinets) de 6 à 12 millimètres	Idem.	27	27			
C. N.	A. F.	101	2432	Filières pour coussinets (non munies de leurs coussinets) de 14 à 22 millimètres	Idem.	28	28			
C. N.	A. F.	101	2433	Filières pour coussinets (non munies de leurs coussinets) de 26 à 30 millimètres	Idem.	29	29			
C. N.	[illegible]	101	7180	Fausse équerre en acier	Idem.	30	30			

DIRECTIONS [illegible] :		NUMÉROS D'ORDRE de la nomenclature.		NOMENCLATURE DES OBJETS À FOURNIR.	ESPÈCES des unités.	REPÈRES.	REPÈRES.	BASES DES DÉLIVRANCES.		OBSERVATIONS.
Les délivrances en 1er armement.	Les délivrances en [illegible], les 1res délivrances, les renouvellements et les réparations.	Par unité militaire.	Par unité simple.					[illegible]	[illegible]	
1	2	3	4	5	6	7	8	9	10	11
C. N.	A. F.	101	2451 à 2456	Tourne à gauche ordinaire à 3 trous pour taraude de : 5	Nombre.	1	1	2 par bâtiment.		(A) Indiquer la piqûre : (bâtarde, demi-ronde); la forme : plates pointues, rondes, demi-rondes, triangulaires, quadrangulaires, plates à main, d'entrée à couteau; la longueur : 15, 25, 35 ou 45 centimètres.
				Tourne à gauche ordinaire à 3 trous pour taraude de : à 36 millimètres	Idem.	2	2			
C. N.	A. F.	101	2623 à 2607	Tarauds en acier fondu pour trous borgnes pour machines S. I. de 6-8-10-12-16-18-20-22-24 et 27 (3 au jeu)	Idem.	3	3	1 jeux de chaque diamètre.		
C. N.	A. F.	101	3143 à 3137	Coussinets en acier fondu pour filières, pour machines S. I. de 6-8-10-12-14-16-18-20-22-24-26 et 27	Paire.	4	4	1 de chaque diamètre.		
C. N.	A. F.	101	1026 à 1065	Forets hélicoïdaux à emmanchement conique cône Morse, acier fondu de 14-16-18-20-22-24 millimètres	Nombre.	5	5	2 de chaque point.		
C. N.	A. F.	101	3500 3504	Clés à rochet au cône Morse n°	Idem.	6	6	2		
C. N.	A. F.	101		Manchon à serrage concentrique genre Goodel pour perceuse électrique	Idem.	7	7	1		
C. N.	A. F.	101		Manchons à queue pyramidale au cône Morse nos 1, 2 et 3	Idem.	8	8	1 de chaque numéro.		
C. N.	A. F.	101	1406 1513	Forets hélicoïdaux à emmanchement cylindrique série courte, acier fondu de : 2-3-4-5-6-7-8-9-10 et 12 millimètres	Idem.	9	9	4 de chaque diamètre.		
C. N.	A. F.	101	955 à 958	Lampes à souder et à braser de 0 l. 5 à 3 litres	Idem.	10	10	2		
C. N.	A. F.	101	5070 5591	Limes assorties. Limes en acier fondu assorties (A)	Idem.	11	11	30		
			6020 6026	Limes assorties. Manches en bois, petits, de limes avec viroles	Idem.	12	12	1/6 du nombre des limes.		
C. N.	A. F.	100	2145 2148	Maillets à frapper en orme et manche en houx n°	Idem.	13	13	1		
C. N.	A. F.	101		Marbres en fonte	Idem.	14	14	1		
C. N.	A. F.			Couvercle de protection pour marbre en fonte	Idem.	15	15	1		
C. N.	A. F.	101	550 555	Marteaux de chaudronnier à emboutir à tête	Idem.	16	16	1		
C. N.	A. F.	101	5010 5060	Poinçon en acier fondu de 6 à 8 millimètres	Idem.	17	17	4		
C. N.	A. F.	101	750 755	Matoirs en acier	Idem.	18	18	2		
C. N.	A. F.	100		Gouge pour armurier	Idem.	19	19	1		
C. N.	A. F.	101	682	Marteau dit rivoir : de 0 kilogr. 900	Idem.	20	20	2		
C. N.	A. F.	101	681	Marteau dit rivoir : de 0 kilogr. 700	Idem.	21	21	2		
C. N.	A. F.	101	680	Marteau dit rivoir : de 0 kilogr. 400	Idem.	22	22	2		
C. N.	A. F.	101	710 717	Masses en cuivre rouge de kilogr.	Idem.	23	23	2		
C. N.	A. F.	101	4200 4202	Meules complètes avec auges et manivelles, auge en tôle zinguée de millimètres	Idem.	24	24	1		
C. N.	A. F.	101	7280 7283	Palmer pour épaisseur de 0 à	Idem.	25	25	1		
C. N.	C. N.	65		Perceuse électrique à courant continu de volts, perçant jusqu'à 16 millimètres	Idem.	26	26	1		
C. N.	A. F.	49	841	Outils de forge. Auge en tôle zinguée pour le charbon	Idem.	27	27	1		
C. N.	A. F.	101	880	Outils de forge. Billot en bois pour enclume de 45 kilogrammes	Idem.	28	28	1		
C. N.	A. F.	101	310 311	Outils de forge. Chasse pour forge carrées de kilogrammes	Idem.	29	29	1		
C. N.	A. F.	101	820 822	Outils de forge. Cloutière pour armurier et mécanicien	Idem.	30	30	1		
C. N.	A. F.	101	335 352	Outils de forge. Dégorgeoir pour forge	Idem.	31	31	1		
C. N.	A. F.	101	850	Outils de forge. Enclume en fer de 45 kilogrammes	Idem.	32	32	1		
C. N.	A. F.	101	360 338	Outils de forge. Étampes pour fer rond de 8 à 24 millimètres	Idem.	33	33	1		
C. N.	A. F.	101	403 411	Outils de forge. Sous-étampe pour fer rond de 8 à 24 millimètres	Idem.	34	34	1		
C. N.	A. F.	49	830	Outils de forge. Forge portative 4e grandeur	Idem.	35	35	1		
C. N.	A. F.	101	625 631	Outils de forge. — Marteau pour forgeron à frapper par devant. — Panne en long de kilogrammes	Idem.	36	36	1		

DIRECTIONS du service à tenir où s'opèrent : Les délivrances de 1er armement.	Les délivrances au réarmement, les 1ers délivrances, les renouvellements et les réparations.	NUMÉROS D'ORDRE de la nomenclature. Par unité collective.	Par unité simple.	NOMENCLATURE DES OBJETS À DÉLIVRER.	Unités de compte.	REPÈRES.	REPÈRES.	BASES DES DÉLIVRANCES. Armement.	[illegible]	OBSERVATIONS.
1	2	3	4	5	6	7	8	9	10	11
C. N.	A. F.	101	635 638	Outils de forge. — Marteau pour forgeron à frapper par devant. Panne en travers de kilogrammes	Nombre.	1	1	1		
C. N.	A. F.	101	645 648	Outils pour forge. — Marteau pour forgeron. — A main panne en travers de kilogrammes	Idem.	2	2	1		(a) Pour le personnel mécanicien.
C. N.	A. F.	101	4100 4112	Outils de forge. — Marteau pour forgeron. — Manches en bois pour marteaux	Idem.	3	3	3		
C. N.	A. F.	101	1020 1021	Outils de forge. — Pelle pour forge	Idem.	4	4	1		
C. N.	A. F.	101	490 505	Outils de forge. — Poinçons en acier pour forge elliptiques ou ronds	Idem.	5	5	2		
C. N.	A. F.	101	870 930	Outils de forge. — Tenailles pour forge, assorties	Idem.	6	6	3		
C. N.	A. F.	102	1153 1154	Outils de forge. — Tisonnier pour forge	Idem.	7	7	1		
C. N.	A. F.	101	530 536	Outils de forge. — Tranche pour forge	Idem.	8	8	1		
C. N.	A. F.	101	520 521	Outils de forge. — Tranche pouranclume	Idem.	9	9	1		
C. N.	A. F.	101	4002	Outils de forge. — Manche de tranche de 0 m. 85	Idem.	10	10	1		
C. N.	A. F.	101	2220	Pince à couper sur le côté, de 160 millimètres	Idem.	11	11	1		
C. N.	A. F.	101	2253 2258	Pinces universelles de millimètres	Idem.	12	12	2		
C. N.	A. F.	101	7256 7268	Poinçons en acier fondu qualité couronne pour marquer l'acier. — Alphabet de 6 ou 8 millimètres	Idem.	13	13	1 jeu.		
C. N.	A. F.	101	7271 7273	Poinçons en acier fondu qualité couronne pour marquer l'acier. — Chiffres de 6 ou 8 millimètres	Idem.	14	14	1 jeu.		
C. N.	A. F.	101	5000 5008	Râpe à bois en acier fondu emmanchée, 1/2 ronde, plate, pointue ou ronde	Idem.	15	15	1		
C. N.	A. F.	101	7335	Règle de précision flexible graduée	Idem.	16	16	1		
C. N.	A. F.	101	7340	Règle de précision pour ajusteur, avec boîte	Idem.	17	17	1		
C. N.	A. F.	101	7343	Règle de précision pour ajusteur, sans boîte de 1 mètre	Idem.	18	18	1		
C. N.	A. F.	101	3590 à 3595	Repoussoirs en cuivre rouge	Idem.	19	19	2		
C. N.	A. F.	101	250 à 253	Scie à métaux. — En acier cémenté genre Griffin	Idem.	20	20	12		
C. N.	A. F.	101	260 à 256	Scie à métaux. — Monture	Idem.	21	21	2		
C. N.	A. F.	101	6040 à 6053	Scie égoïne à lame	Idem.	22	22	2		
C. N.	A. F.	101	843	Tas pour chaudronnier	Idem.	23	23	1		
C. N.	A. F.	101	2265 à 2267	Pinces tricoises de millimètres	Idem.	24	24	1		
C. N.	A. F.	101	9086 à 9092	Tournevis à manche de frêne ou de noyer	Idem.	25	25	4		
C. N.	A. F.	101	3290	Jauge de pas. Système international	Idem.	26	26	1		
C. N.	A. F.	101	7400 à 7401	Trusquin de précision à tige graduée, à vis tangente	Idem.	27	27	1		
C. N.	A. F.	101	4110 à 4114	Vilebrequin ordinaire	Idem.	28	28	1		
C. N.	A. F.	100	3200 à 3240	Mèches de vilebrequin ordinaires, à tête carrée	Idem.	29	29	4		
C. N.	A. F.	101	4100	Vilebrequin à engrenages à mandrin universel	Idem.	30	30	2		
C. N.	A. F.	100	3901 à 3955	Vrilles emmanchées assorties	Idem.	31	31	4		
C. N.	A. F.	101	7190 7191	Mètre pliant en acier ou en cuivre	Idem.	32	32	4 (a)		
C. N.	C. N.			Accessoires de tour : Mandrin américain à 2 jeux de mors de 100 millimètres	Idem.	33	33	1		

DIRECTIONS [illegible] : Les différentes au 1er armement.	DIRECTIONS [illegible] : Les différentes [illegible] les 1res délivrances ; les renouvellements et les réparations.	NUMÉROS D'ORDRE de la nomenclature : Par unité collective.	NUMÉROS D'ORDRE de la nomenclature : Par unité simple.	NOMENCLATURE DES OBJETS À FOURNIR.	ESPÈCES des unités.	REPÈRES.	REPÈRES.	BASES DES DÉLIVRANCES : [illegible]	BASES DES DÉLIVRANCES : [illegible]	OBSERVATIONS.
1	2	3	4	5	6	7	8	9	10	11
C. N.	C. N.			Accessoires de tour (suite) : Contre-plateau ajusté pour le mandrin américain	Nombre.	1	1	1		
C. N.	C. N.			Plateau à toc	*Idem.*	2	2	1		(a) Pour chaque type de tubes.
C. N.	C. N.			Plateau à griffes indépendant et reversible de millimètres	*Idem.*	3	3	1		
C. N.	C. N.			Lunette fixe	*Idem.*	4	4	1		
C. N.	C. N.			Lunette à suivre	*Idem.*	5	5	1		
C. N.	C. N.			Clés de service	Jeu	6	6	1		
C. N.	C. N.			Série d'engrenages permettant le filetage de tous les pas métriques usuels	Nombre	7	7	1		
C. N.	C. N.	90		Courroie pour le tour	*Idem.*	8	8		1	
C. N.	C. N.	101	3700	Outils de tour : Outils à fileter : Carré à l'intérieur	*Idem.*	9	9	1		
C. N.	A. F.	101	3702	Triangulaire à l'intérieur	*Idem.*	10	10	1		
C. N.	A. F.	101	3704	Carré à l'extérieur	*Idem.*	11	11	1		
C. N.	A. F.	101	3706	Triangulaire à l'extérieur	*Idem.*	12	12	1		
C. N.	A. F.	101	3708	Outils à charioter : À droite	*Idem.*	13	13	1		
C. N.	A. F.	101	3710	À gauche	*Idem.*	14	14	1		
C. N.	A. F.	101	3712	Outils de côté : À droite	*Idem.*	15	15	1		
C. N.	A. F.	101	3714	À gauche	*Idem.*	16	16	1		
C. N.	A. F.	101	3716	Outils à saigner ou à tronçonner	*Idem.*	17	17	1		
C. N.	A. F.	101	3718	Outils à aléser	*Idem.*	18	18	1		
C. N.	A. F.	101	3750 à 3766	Tocs	*Idem.*	19	19	4		
C. N.	A. F.									
		101	3720	Outils à main de tourneur sans manches : Crochets	*Idem.*	20	20	4		
C. N.	A. F.	101	3722	Grains d'orge	*Idem.*	21	21	2		
C. N.	A. F.	101	3724	Bédanes	*Idem.*	22	22	2		
C. N.	A. F.	101	3726	Planes	*Idem.*	23	23	2		
C. N.	A. F.	101	3205	Grattoir triangulaire pour ajusteur	*Idem.*	24	24	2		
C. N.	A. F.	101	4030 4032	Manches d'outils pour tourneurs	*Idem.*	25	25	1 par outil.		
C. N.	A. F.									
				Mandrins divers pour roder le siège des clapets de moteur Diesel	Jeu	26	26	1		
C. N.	C. N.			Bagues pour rôdage des clapets des moteurs Diesel	*Idem.*	27	27	1		
C. N.	C. N.	62	1004	Ciseaux à émécher	Nombre.	28	28	2		
C. N.	A. F.	101	7070 à 7077	Compas d'épaisseur pour tourneur	*Idem.*	29	29	1		
C. N.	A. F.									
		101	950	Fer à souder à l'essence	*Idem.*	30	30	1		
C. N.	A. F.	101	605	Marteau à planer de 2 kilogr. 500	*Idem.*	31	31	1		
C. N.	A. F.	100	9004	Drille automatique à double hélice	*Idem.*	32	32	1		
C. N.	A. F.	101	2011 à 2024	Vrilles alésoirs à tête carrée de 8 millimètres à 20 millimètres	*Idem.*	33	33	1 de chaque diamètre.		
C. N.	A. F.									
		100	4702	Plane à 2 manches pour charron, à simple biseau de 160 millimètres de longueur de tranchant	*Idem.*	34	34	1		
C. N.	A. F.									
		101	4010	Manches en bois, moyens, pour marteau à main, de 50 centimètres	*Idem.*	35	35	1		
C. N.	A. F.			Meule émeri à engrenages et main de 15 à 20 centimètres de diamètre	*Idem.*	36	36	1		
C. N.	A. F.	101		Limes en acier chromé	*Idem.*	37	37	6		
C. N.	A. F.	101	7146	Pied à coulisse à douille [illegible] et à double bec dégagé avec vernier au 1/10	*Idem.*	38	38	1		
C. N.	A. F.	101	7061	Compas droit à ressort de 190 millimètres	*Idem.*	39	39	1		
C. N.	A. F.			Extracteur de pied de bielle, compresseur d'insufflation	*Idem.*	40	40	1		
C. N.	C. N.			Appareils à dudgeonner les tubes	*Idem.*	41	41	1 (a).		
C. N.	C. N.	101	2490	Outils à fileter et à tarauder : Boîte de filetage complète comprenant une filière pour vis de 2 à 5 millimètres garnie avec ses tarauds	*Idem.*	42	42	1		
C. N.	A. F.									
		101	3223 à 3237	Écrou-mère en acier fondu de 6 à 27 millimètres	*Idem.*	43	43	1 de chaque diamètre.		
C. N.	A. F.									

Directions ou services à titre où s'opèrent : Les délivrances de 1er armement.	Les délivrances ou remplacement, les 1res délivrances, les renouvellements et les réparations.	Numéros d'ordre de la nomenclature. Par outil collectif.	Par outil simple.	Nomenclature des objets à fournir.	Espèces des unités.	Repères.	Repères.	Bases des délivrances. [illegible]	[illegible]	Observations.
1	2	3	4	5	6	7	8	9	10	11
C. N.	A. F.	101	525	Tranche pour ferblantier de 200 millimètres de taillant	Nombre.	1	1	1		
C. N.	A. F.			Comparateur à cadran	Idem.	2	2	1 (a).		(a) C. du 10 octobre 1927 n° 762 C. N. 6.
C. N.	A. F.			Bordoirs de ferblantier	Jeu.	3	3	1		
C. N.	A. F.	101	770 à 780	Bigorne de ferblantier ou de serrurier	Nombre.	4	4	1		
C. N.	A. F.	105	656	Brucelles	Idem.	5	5	2		
C. N.	A. F.	100	7280	Pointeaux à douille de 10 × 13	Idem.	6	6	2		
C. N.	A. F.	100	7286	Pointeaux à douille de 16 × 18	Idem.	7	7	2		

DIRECTIONS ou services à terre où s'opèrent : Les délivrances au 1er armement.	Les délivrances en remplacement des 1res délivrances, les renouvellements et les réparations.	NUMÉROS D'ORDRE de la nomenclature. Par unité collective.	Par unité simple.	NOMENCLATURE DES OBJETS À DÉLIVRER.	ESPÈCES des unités.	REPÈRES.	REPÈRES.	BASES DES DÉLIVRANCES. Armement.	Rechanges.	OBSERVATIONS.
1	2	3	4	5	6	7	8	9	10	11
				INSTRUMENTS ET OBJETS DIVERS POUR LE SERVICE DES MOTEURS.						
C.N.	C.N.	92	3030	Horloge à cadran	Nombre.	1	1	1 (b).	(e)	(a) En nombre égal à celui des cylindres d'un moteur à pétrole.
C.N.	A.F.	105	2054	Thermomètres gradués de 0 à 100 : Pour tuyautage de graissage des butées	Idem.	2	2	2 par butée (c).	(e)	(b) 1 pour le compartiment des moteurs thermiques.
C.N.	A.F.	105	2084	Thermomètres gradués de 0 à 100 : Pour contrôle de la température de sortie d'eau de circulation des culasses	Idem.	3	3	1 par culasse (c).	(e)	(c) Si les moteurs ne sont pas pourvus de thermomètres à distance.
C.N.	A.F.	105	2086	Thermomètres gradués de 0 à 100 : Pour contrôle de la température de sortie d'huile ou d'eau des pistons	Idem.	4	4	1 par piston (c).		(d) Aux sous-marins pourvus de bouilleurs.
C.N.	A.F.	105	2063	Densimètres pour le mazout gradués 650 à 1000	Idem.	5	5	2		(e) La moitié de la quantité délivrée à l'armement.
C.N.	C.N.	105		Indicateurs pour diagramme des moteurs	Idem.	6	6	(a)		(f) Avec minimum de 1 de chaque type.
C.N.	C.N.	105		Robinets pour indicateurs de courbe	Idem.	7	7		1/2 du nombre en place.	(g) Ce jeu comprend tout type de clés nécessaires au démontage.
C.N.	C.N.	105		Tachymètres	Idem.	8	8		1 de chaque type.	
C.N.	C.N.	105	345	Salinomètre Buzenac	Idem.	9	9	1 (d)		
C.N.	C.N.	65	383	Éprouvette de rechange pour salinomètre Buzenac	Idem.	10	10		1	
C.N.	A.F.	305	622	Compte-secondes	Idem.	11	11	1		
C.N.	C.N.			Manomètres	Idem.	12	12		1 de chaque type.	
C.N.	C.N.	105	605	Compteur vélocimètre Deschiens accouplé d'un compte-secondes	Idem.	13	13	1		
C.N.	C.N.			Téléthermomètre Fournier	Idem.	14	14		1/10 du nombre en place (f).	
C.N.	C.N.	91		Glace pour manomètre	Idem.	15	15		1 pour 2 manomètres en place.	
C.N.	C.N.	91		Glace pour téléthermomètre Fournier	Idem.	16	16		1 pour 2 téléthermomètres en place.	
C.N.	A.F.	116	312	Objets spéciaux pour le service du graissage des moteurs : Bouilloire en fer battu à bec et anse mobile, de 3 litres	Idem.	17	17	2		
C.N.	A.F.	109	60	Bouchons à soupape pour caisse à huile	Idem.	18	18	[illegible]		
C.N.	A.F.	109	67	Broc en fer blanc pour le transport de l'huile, de 10 litres	Idem.	19	19	2		
C.N.	A.F.	109		Burettes en fer blanc à fermeture étanche, de 1 litre	Idem.	20	20	2		
C.N.	A.F.	109	21	Caisses en tôle zinguée de 48 litres, pour l'huile	Idem.	21	21	La quantité nécessaire pour loger l'approvisionnement.		
C.N.	A.F.	109	90	Caisse en tôle zinguée de 15 litres, pour l'huile	Idem.	22	22	Idem.		
C.N.	A.F.	109	121	Clés en fer pour fermeture des caisses à huile	Idem.	23	23	2		
C.N.	A.F.	114	27	Entonnoir en fer blanc, de 1 litre 50	Idem.	24	24	2		
C.N.	A.F.	109	155	Robinet tournant et à pompe pour la vidange des caisses à huile dans les burettes	Idem.	25	25	1		
C.N.	A.F.	58	5450	Seringues en cuivre	Idem.	26	26	2		
C.N.	A.F.	109	72	Burettes en fer blanc, de 1 litre	Idem.	27	27	3		
C.N.	A.F.	109	164	Seaux en tôle zinguée de 10 litres, sans couvercle	Idem.	28	28	2		
C.N.	A.F.	109	199	Vase en fer blanc pour recevoir les égouts d'huile	Idem.	29	29	2		
C.N.	A.F.			Palan genre triplex de 500 kilogrammes pour démontage des pièces de machines	Idem.	30	30	2		
C.N.	A.F.	101	3600	Vérin à vis pour mécanicien, de 5 tonnes	Idem.	31	31	1		
C.N.	A.F.	101	3610	Barres pour vérin à vis, de 5 tonnes	Idem.	32	32	1		
C.N.	C.N.			Jeu complet d'outils de démontage et de réglage des moteurs à pétrole	Idem.	33	33	1		
C.N.	C.N.			Jeu de clés de démontage pour les moteurs principaux : Doubles, droites et coudées en tube d'acier	Idem.	34	34	1 (g)		
C.N.	C.N.			Jeu de clés de démontage pour les moteurs principaux : À douilles, doubles et simples	Idem.	35	35	Idem.		
C.N.	C.N.			Jeu de clés de démontage pour les moteurs principaux : À pélican, à tenon, à griffe, etc.	Idem.	36	36	Idem.		

DIRECTIONS [illegible]		NUMÉROS D'ORDRE de la [illegible]		NOMENCLATURE DES OBJETS À FOURNIR.	ESPÈCES des unités.	REPÈRES.	REPÈRES.	BASES DES DÉLIVRANCES.		OBSERVATIONS.
Les différentes [illegible] 1er armement.	Les différentes [illegible] les 1res délivrances, les renouvellements et les réparations.	Par unité collective.	Par unité simple.					[illegible]	[illegible]	
1	2	3	4	5	6	7	8	9	10	11
C. N.	C. N.			Pompe mobile à main à piston, pour épreuve des différents circuits du moteur	Nombre.	1	1	1		
C. N.	C. N.			Jeu complet d'outils de démontage et de réglage des moteurs du groupe électrogène	Idem.	2	2	1		(a) 3 aux sous-marins de 1re classe.
C. N.	C. N.			Jeu de clefs de démontage pour groupe électrogène indépendant	Idem.	3	3	1		(b) Avec minimum de 1 de chaque type.
C. N.	A. P.			Pompe Técalémit ou similaire sans flexible	Idem.	4	4	4 (a)		
C. N.	A. F.			Tuyau flexible pour pompe Técalémit	Idem.	5	5	4	1	
C. N.	A. F.			Agrafe pour pompe Técalémit	Idem.	6	5		1	
C. N.	A. F.			Cuirs pour agrafe de pompe Técalémit	Idem.	7	7		2 par pompe.	
C. N.	C. N.			Compteurs pour Gas-oil. — Piston métal	Idem.	8	8		1	
C. N.	C. N.			Compteurs pour Gas-oil. — Mécanisme d'horlogerie, tambour à chiffres	Idem.	9	9		1	
C. N.	C. N.			Compteurs pour Gas-oil. — Presse-étoupes	Idem.	10	10		1	
C. N.	C. N.			Compteurs pour Gas-oil. — Train de démultiplication	Idem.	11	11		1	
C. N.	C. N.			Compteurs pour Gas-oil. — Joints divers	Idem.	12	12		Quantité en place.	
C. N.	C. N.			Compteurs pour Gas-oil. — Boulons, vis ou goujons des pièces démontables	Idem.	13	13		1/20 du nombre en place (b).	

DIRECTIONS ou services à l'aide desquels s'opèrent :		NUMÉROS D'ORDRE de la nomenclature.		NOMENCLATURE DES OBJETS A FOURNIR.	ESPÈCES des unités.	REPÈRES.	REPÈRES.	BASES DES DÉLIVRANCES.		OBSERVATIONS.
Les délivrances au 1er armement.	Les délivrances en désarmement, les 1res délivrances, les renouvellements et les réparations.	Par unité collective.	Par unité simple.					[illegible]	[illegible]	
1	2	3	4	5	6	7	8	9	10	11
				Article LXV.						
				APPROVISIONNEMENTS.						
				COMBUSTIBLES ET MATIÈRES GRASSES POUR LA PROPULSION.						
				Combustibles liquides et charbon.						
C. N.	A. F.	72	36	Gas-Oil	Kgs.	1	1	La contenance des soutes.		
C. N.	A. F.			Essence de pétrole pour canot à moteur et outils à souder	Idem.	2	2	La contenance des réservoirs.		
C. N.	A. F.	71	18	Charbon pour forge et cuisine	Idem.	3	3	La contenance des soutes.		
				Matières grasses.						
C. N.	A. F.	74	140	Huile pour graissage des moteurs	Kgs.	4	4	La contenance des soutes.		
C. N.	A. F.	74	160	Huile minérale pour cylindre compresseur des machines frigorifiques et station d'huile sous-pression	Idem.	5	5	La contenance des caisses.		

DIRECTIONS [illegible] s'opèrent :		NUMÉROS D'ORDRE de la nomenclature.		NOMENCLATURE DES OBJETS À FOURNIR.	ESPÈCES des unités.	REPÈRES.		REPÈRES.	BASES DES DÉLIVRANCES.		OBSERVATIONS.
Les délivrances au 1er armement.	Les délivrances en remplacement; les 1res délivrances; les renouvellements et les réparations.	Par unité collective.	Par unité simple.						ARMEMENT.	RECHANGES.	
1	2	3	4	5	6	7		8	9	10	11

DIRECTIONS [illegible]		NUMÉROS D'ORDRE de la NOMENCLATURE.		NOMENCLATURE DES OBJETS À FOURNIR.	ESPÈCES des unités.	SÉRIES.	REPÈRES.	BASES DES DÉLIVRANCES.		OBSERVATIONS.
Les délivrances au 1er armement.	Les délivrances en remplacement, les 1res délivrances, les renouvellements et les réparations.	Par unité collective.	Par unité simple.					[illegible]	[illegible]	
1	2	3	4	5	6	7	8	9	10	11

DIXIÈME ET ONZIÈME SERVICES.

INTENDANCE. — HYGIÈNE ET SANTÉ.

DÉTENTEUR : MAITRE CHEF DE QUART

DIRECTIONS [illegible]		NUMÉROS D'ORDRE de la [illegible]		NOMENCLATURE DES OBJETS À FOURNIR.	ESPÈCES des unités.	REPÈRES.	REPÈRES.	BASES DES DÉLIVRANCES.		OBSERVATIONS.
Les délivrances au 1er armement.	Les délivrances en remplacement, les 1res délivrances, les renouvellements et les réparations.	Par unité collective.	Par unité simple.					[illegible]	[illegible]	
1	2	3	4	5	6	7	8	9	10	11
				ARTICLE VII.						
				MATÉRIEL RELATIF AUX CUISINES.						
				CUISINE DE PONT.						
C. N.	A. F.	113		Cafetière en fer blanc de — litres	Nombre.	1	1	1		
C. N.	A. F.	113	17	Casseroles en fer battu pour ragoût avec couvercles	*Idem.*	2	2	(a)		
C. N.	A. F.	113	27	Cuiller en fer battu pour marmite d'équipage, petite	*Idem.*	3	3	1		
C. N.	A. F.	113	55	Écumoire en fer battu étamé : Moyenne	*Idem.*	4	4	1		
C. N.	A. F.	113	56	Écumoire en fer battu étamé : Petite	*Idem.*	5	5	1		
C. N.	A. F.	113	68	Plats en fer battu rectangulaires, dits wagons à rôtir	*Idem.*	6	6	(a)		
C. N.	A. F.	113	259 à 265	Poêles à frire : De 16 à 28 centimètres de diamètre.	Nombre.	7	7	(a)		
C. N.	A. F.	113	69 à 78	Poêles à frire : De 30 à 40 centimètres de diamètre.	*Idem.*	8	8	(a)		
C. N.	A. F.	40	253 à 259	Marmites en fer pour cuisines, avec anses et couvercles	*Idem.*	9	9	4 (b).		
C. N.	A. F.	113		Bassines à friture	*Idem.*	10	10	1		
C. N.	A. F.			Marmite autoclave pour la cuisson des aliments, système Sovez ou similaire	*Idem.*	11	11	1		

(a) Le nombre et la grandeur seront déterminés dans chaque cas particulier sur la proposition des commandants d'après les aménagements des cuisines.

(b) La grandeur des marmites sera choisie de manière à donner pour le jeu de 4 récipients, une capacité de 1 lit. 250 environ par homme d'équipage, officiers compris.

DIRECTIONS de service à tenir ou à opérer : Les délivrances au 1er armement.	Les délivrances en complément; les 1res délivrances; les renouvellements et les réparations.	NUMÉROS D'ORDRE de la nomenclature. Par unité collective.	Par unité simple.	NOMENCLATURE DES OBJETS À FOURNIR.	ESPÈCES des unités.	REPÈRES.	REPÈRES.	BASES DES DÉLIVRANCES. Armement.	Rechange.	OBSERVATIONS.
1	2	3	4	5	6	7	8	9	10	11
				Article X.						(a) Un des barils pourra être utilisé pour contenir l'approvisionnement d'eau de l'embarcation à moteur.
				MATÉRIEL RELATIF AU SERVICE DE L'EAU.						
				§ I. — **RECHANGES DES INSTALLATIONS.**						
				§ II. — **MATÉRIEL D'ARMEMENT ET SES RECHANGES.**						
C.N.	A.F	94	892	Toile pour manche à eau ou tuyau de fil sans couture pour bâtiment, de 45 millimètres de diamètre intérieur et 20 mètres de longueur	Nombre.	1	1	6		
C.N.	A.F	58	3246	Boîtes de raccordement en bronze pour manches d'aspiration et de refoulement de 45 millimètres de diamètre intérieur	*Idem.*	2	2	6		
				Raccord à double femelles pour faire l'eau douce de 40 millimètres de diamètre intérieur	*Idem.*	3	3	4		
C.N	A.F			Fontaines en tôle émaillée pour l'eau distillée, de 25 litres	*Idem.*	4	4	2		
C.N	A.F			Entonnoir pour emberquement de l'eau avec raccord femelle de 40 millimètres se vissant sur la passerelle	*Idem.*	5	5	Suivant les installations.		
C.N.	A.F	58	2420	Col de cygne de 40 millimètres pour eau distillée	*Idem.*	6	6	1		
C.N	A.F	17	7610	Cadenas en fer zingué avec clé, de 40 millimètres pour fontaine à eau.	*Idem.*	7	7	2		
C.N	A.F			Couronnes en cuir pour tuyau d'eau D=50 millimètres d=40 millimètres.	*Idem.*	8	8	1		
C.N	A.F			Tuyaux flexibles en acier zingué à garnitures de caoutchouc de 40 millimètres de diamètre intérieur et 5 mètres de longueur avec raccords pour emberquement de l'eau douce et de l'eau distillée	*Idem.*	9	9	2		
C.N	A.F	114	20	Baril à eau de 20 litres et au-dessous	*Idem.*	10	10	2 (a).		

DIRECTIONS [illegible] et s'opèrent :		NUMÉROS D'ORDRE de la [illegible].		NOMENCLATURE DES OBJETS À FOURNIR.	ESPÈCES des unités.	REPÈRES.	REPÈRES.	BASES DES DÉLIVRANCES.		OBSERVATIONS.
Les délivrances en 1er armement.	Les délivrances en [illegible]; les 1res délivrances, les renouvellements et les réparations.	Par unité collective.	Par unité simple.					[illegible]	[illegible]	
1	2	3	4	5	6	7	8	9	10	11
				ARTICLE LXIII.						
				§ 11. — **MATÉRIEL D'ARMEMENT MIS À LA DISPOSITION DES SERVICES DU BORD.**						
				USTENSILES DE BOUCHERIE.						
C. N.	A. F.	114	5	Couperet de boucher	Nombre.	1	1	1		
C. N.	A. F.	114	6	Couteau de boucher	Idem.	2	2	1		
C. N.	A. F.	114	7	Fusil de boucher à aiguiser	Idem.	3	3	1		
		114	9	Scie de boucher : Lame	Idem.					
C. N.	A. F.	114	10	Scie de boucher : Monture	Idem.	4	4	1		
C. N.	A. F.					5	5	1		
				USTENSILES DE CAMBUSE.						
C. N.	A. F.	105	4	Balance Roberval, force 5 kilogr.	Nombre.	6	6	1		
C. N.	A. F.	114	28	Entonnoir en fer blanc de 1 l. 50	Idem.	7	7	1		
C. N.	A. F.	114	42	Moulin à café en fonte, sans pieds avec volant	Idem.	8	8	1		
C. N.	A. F.	105	540	Série de poids en cuivre cylindriques, comprenant un poids de 1 kilog et 1 kilog subdivisé jusqu'au gramme, avec socle en bois	Idem.	9	9	1		
C. N.	A. F.	115		Râpe à fromage	Idem.	10	10	1		
C. N.	A. F.	114	30	Mesures de capacité en étain avec anses portant en chiffres très apparents l'indication de leur capacité métrique et du nombre de rations qu'elles contiennent, étalonnées pour : le vin : 1 litre, 4 rations	Idem.	11	11	1		
		114	31	Mesures de capacité … pour : le vin : 0 l. 50, 2 rations	Idem.	12	12	1		
		114	32	Mesures de capacité … pour : le vin : 0 l. 25, 1 ration	Idem.	13	13	1		
		114	34	Mesures de capacité … pour : l'eau de vie : 0 l. 12, 4 rations	Idem.	14	14			
		114	36	Mesures de capacité … pour : l'eau de vie : 0 l. 03, 1 ration	Idem.	15	15	1		
		105	511	Poids en fonte de fer de : 0 k. 050	Idem.	16	16	1		
C. N.	A. F.	105	512	Poids en fonte de fer de : 0 k. 100	Idem.	17	17	1		
		105	513	Poids en fonte de fer de : 0 k. 200	Idem.	18	18	1		
		105	514	Poids en fonte de fer de : 0 k. 500	Idem.	19	19	1		
		105	515	Poids en fonte de fer de : 1 kilog.	Idem.	20	20	1		
		105	516	Poids en fonte de fer de : 2 kilog.	Idem.	21	21	1		
C. N.	A. F.	105	545	Boîte en bois dur pour contenir une série de poids	Idem.	22	22	1		
C. N.	A. F.	105	425	Romaine ordinaire à crochets de 150 kilogr.	Idem.	23	23	1		
C. N.	A. F.	114	49	Tuyau en caoutchouc entoilé pour siphon de transvasement	Idem.	24	24	1		

DIRECTIONS [illegible] : Les délivrances du 1er armement.	DIRECTIONS [illegible] : Les délivrances de réarmement; les 1res délivrances; les renouvellements et les réparations.	NUMÉROS D'ORDRE de la nomenclature. Par unité collective.	NUMÉROS D'ORDRE de la nomenclature. Par unité simple.	NOMENCLATURE DES OBJETS À FOURNIR.	ESPÈCES des [illegible]	REPÈRES.	REPÈRES.	BASES DES DÉLIVRANCES. [illegible]	BASES DES DÉLIVRANCES. [illegible]	OBSERVATIONS.
1	2	3	4	5	6	7	8	9	10	11
				UNTENSILES DE PLAT.						
C. N.	A. F.	115	1	Boîtes à plats : Boîtes en bois à coulisse pour renfermer les ustensiles de plat	Nombre	1	1	1 pour 6 rationnaires.		
C. N.	A. F.	115	10	Boîtes à plats : Cuillers à pot en fer battu	*Idem.*	2	2	*Idem.*		
C. N.	A. F.	114	3	Boîtes à plats : Gamelles en fer battu à grands bords	*Idem.*	3	3	*Idem.*		
C. N.	A. F.	115	15	Boîtes à plats : Quarts en fer blanc de 25 centilitres	*Idem.*	4	4	*Idem.*		
				Boîtes à plats : Gamelle compartimentée	*Idem.*	5	5	*Idem.*		
C. N.	A. F.			Boîtes à plats : Bidon en fer étamé	*Idem.*	6	6	*Idem.*		
C. N.	A. F.			Lavettes	*Idem.*	7	7	1 par plat.	1 pour 2 plats.	
C. N.	A. F.			Torchons	*Idem.*	8	8	2 par plat.	1 par plat.	
C. N.	A. F.			Verres à boire	*Idem.*	9	9	1 par rationnaire.	1 pour 6 rationnaires.	
C. N.	A. F.			Assiettes en fer battu	*Idem.*	10	10	*Idem.*	1 pour 10 rationnaires.	

DIRECTIONS ou services à venir ou d'opérer : Les délivrances au 1er armement.	Les délivrances en remplacement des 1res délivrances, les renouvellements et les réparations.	NUMÉROS D'ORDRE de la nomenclature. Par unité collective.	Par unité simple.	NOMENCLATURE DES OBJETS À FOURNIR.	ESPÈCES des unités.	REPÈRES.	REPÈRES.	BASES DES DÉLIVRANCES. Armement.	Rechange.	OBSERVATIONS.
1	1	2	3	4	6	7	8	9	10	11
				MATÉRIEL D'APPROVISIONNEMENT						(A) Le nombre nécessaire pour contenir l'approvisionnement.
				Objets et ustensiles divers.						
C. N.	A. F.	109	24	Boîtes en fer blanc pour matières consommables : De 7 litres	Nombre	1	1	(A)		
C. N.	A. F.	109	23	De 6 litres	Idem.	2	2	(A)		
C. N.	A. F.	109	22	De 4 litres	Idem.	3	3	(A)		
C. N.	A. F.	109	21	De 3 litres	Idem.	4	4	(A)		
C. N.	A. F.	109	20	De 2 litres	Idem.	5	5	(A)		
C. N.	A. F.	109	41	Bouteilles en fer blanc pour huile ou essence : De 7 litres	Idem.	6	6	(A)		
C. N.	A. F.	109	42	De 5 litres	Idem.	7	7	(A)		
C. N.	A. F.	109	43	De 3 litres	Idem.	8	8	(A)		
C. N.	A. F.	109	45	De 2 litres	Idem.	9	9	(A)		
C. N.	A. F.	109	44	Bouteilles en tôle zinguée pour soude caustique	Idem.	10	10	(A)		
C. N.	A. F.	109	25	Caisses en fer blanc de 5 litres	Idem.	11	11	(A)		
C. N.	C. N.	109	84	Caisses pour huile suif et peinture : En tôle zinguée de 20 litres	Idem.	12	12	(A)		
C. N.	C. N.	109	85	En tôle zinguée de 50 litres	Idem.	13	13	(A)		
C. N.	A. F.	114	26 à 29	Entonnoir en fer blanc de litres	Idem.	14	14	1		
C. N.	A. F.	102	2480-88	Pots en fer blanc pour peinture de litres	Idem.	15	15	5		
C. N.	C. N.	109	120	Carton formant reliure mobile pour la conservation des feuilles d'armement	Idem.	16	16	1		
C. N.	A. F.			Bouteille en fonte de 0 L. 400 pour le mercure	Idem.	17	17	1		

DIRECTIONS du service à terre qui opèrent : Les délivrances du 1er armement.	Les délivrances en recomplètement ; les 2es délivrances ; les renouvellements et les réparations.	NUMÉROS D'ORDRE de la nomenclature. Par unité collective.	Par unité simple.	NOMENCLATURE DES OBJETS À FOURNIR.	ESPÈCES des unités.	REPÈRES.	REPÈRES.	BASES DES DÉLIVRANCES. ARMEMENT.	[illegible]	OBSERVATIONS.
1	2	3	4	5	6	7	8	9	10	11
				VÊTEMENTS						
H. C. C.	H. C. C.	127	103	Capotes à capuchon imperméabilisées pour le service de veille ou de faction	Nombre.	1	1	2		
H. C. C.	H. C. C.	127	111	Chaussons en laine pour sabots bottes	Paire.	2	2	(A)		
H. C. C.	H. C. C.	127	123	Sabots galoches	Idem.	3	3	(A)		
H. C. C.	H. C. C.	107	128	Vêtements en toile imperméable (huilés) : Vareuse	Nombre	4	4	(B)		
H. C. C.	H. C. C.	127	129	Vêtements en toile imperméable (huilés) : Pantalons	Idem.	5	5	(B)		
H. C. C.	H. C. C.	127	130	Vêtements en toile imperméable (huilés) : Sud-ouest	Idem.	6	6	(B)		
H. C. C.	H. C. C.	127	112	Chaussons isolants dits « bains de mer » pour sous-marins	Paire	7	7	1 par homme.	La quantité délivrée à l'armement (C).	
H. C. C.	H. C. C.	128	514	Cuir de rechange pour semelles de sabots bottes	Kilog.	8	8		0 k. 020 par paire des sabots-bottes.	
H. C. C.	H. C. C.	127	119	Manteaux imperméables de sortie	Nombre.	9	9	(D)		
H. C. C.	H. C. C.	125	123	Pantalons en drap, usagés	Idem.	10	10	1 par homme chargé de la visite des accumulateurs.	1	
H. C. C.	H. C. C.	128	126	Vareuses en molleton, usagées	Idem.	11	11	Idem.	1	
H. C. C.	H. C. C.			Vêtements imperméables en tissu caoutchouté : Vareuse	Idem.	12	12	5		
H. C. C.	H. C. C.			Vêtements imperméables en tissu caoutchouté : Pantalons	Idem.	13	13	5		
H. C. C.	H. C. C.			Vêtements imperméables en tissu caoutchouté : Sud-ouest	Idem.	14	14	5		

Observations :

(A) Une paire par homme, y compris les maîtres.

(B) Un complet par homme y compris les maîtres.

(C) Les chaussons pourront être renouvelés jusqu'à concurrence de 4 paires par homme et par an.

(D) Le quart de l'effectif des officiers mariniers, quartiers-maîtres et matelots, s'il est prévu des penderies aérées permettant d'assurer dans de bonnes conditions leur logement et leur entretien. (C. du 6 Septembre 1924 B. O. page 323.)

Directions [illegible] : Les délivrances en 1er armement.	Directions [illegible] : Les délivrances au réarmement, les 1ers délivrances, les remplacements et les réparations.	Numéros d'ordre de la nomenclature : Par unité collective.	Numéros d'ordre de la nomenclature : Par unité simple.	Nomenclature des objets à fournir.	Espèces des unités.	Repères.	Repères.	Bases des délivrances : [illegible]	Bases des délivrances : [illegible]	Observations.
1	2	3	4	5	6	7	8	9	10	11
				Article LXIV.						
				MATÉRIEL HORS SERVICES.						
				§ 2. — MATÉRIEL DIVERS.						
				OFFICIER COMMANDANT						
				Coffres, boîtes, objets divers.						
C. N.	A. F.	122	900 à 902	Boîte à timbre : Boîte en bois pour timbre composteur de	Nombre.	1	1	1		
C. N.	A. F.	122	1002	Boîte à timbre : Brosse à timbre	Idem.	2	2	1		
C. N.	A. F.	122	1008	Boîte à timbre : Cachet à la cire en cuivre	Idem.	3	3	1		
C. N.	A. F.	97	322	Boîte à timbre : Encre à timbre noire (en flolo de a cl. 5)	Idem.	4	4	1		
C. N.	A. F.	122	1009 1011	Boîte à timbre : Tampon de centimètres	Idem.	5	5	1		
C. N.	A. F.	122	1012	Boîte à timbre : Timbre à l'encre en caoutchouc	Idem.	6	6	1		
C. N.	A. F.	119		Coffret de sûreté à documents confidentiels avec serrure de sûreté	Idem.	7	7	1		
C. N.	A. F.	119		Coffret de sûreté à documents confidentiels sans combinaison	Idem.	8	8	1		
C. N.	C. N.	109	128	Carton formant reliure mobile pour la conservation des feuilles d'armement	Idem.	9	9	1		
C. N.	A. F.			Règle rapporteur Cras — Pour travaux sur la carte	Idem.	10	10	1		
C. N.	A. F.			Compas à pointes sèches — Pour travaux sur la carte	Idem.	11	11	1		

DIRECTIONS et services à tenir au [illegible] : Les délivrances au 1er armement.	Les délivrances aux réarmement ; les 1res délivrances ; les remplacements et les réparations.	NUMÉROS D'ORDRE de la nomenclature. Par unité collective.	Par unité simple.	NOMENCLATURE DES OBJETS À FOURNIR.	[illegible] des unités.	REPÈRES.	REPÈRES.	DATES DES DÉLIVRANCES. [illegible]	[illegible]	OBSERVATIONS.
1	2	3	4	5	6	7	8	9	10	11
				§ I. — IMPRIMÉS, DOCUMENTS, ETC. RESSORTISSANT AU SERVICE DES ARCHIVES ET BIBLIOTHÈQUE DE LA MARINE.						
				Décrets, règlements, instructions, etc.						
1p	1p		5101	Décret du 21 février 1897 et 9 novembre 1906 (et règlement) concernant les règles établies pour prévenir les abordages, accompagné de la loi du 10 mars 1891 sur les accidents et collisions de mer	Nombre.	1	1	1		
1p	1p		5151	Manuels : Du gradé canonnier (le plus récent)	Idem.	2				
1p	1p		5153	Manuels : Du gradé torpilleur (confidentiel)	Idem.	3	2	1		
1p	1p		5153A	Manuels : Du matelot torpilleur (confidentiel)	Idem.	4	3	1		
1p	1p		5156	Manuels : Du gradé électricien	Idem.	5	4	1		
1p	1p		5156A	Manuels : Du matelot électricien	Idem.	6	5	1		
1p	1p		5158	Manuels : De télégraphie sans fil (confidentiel)	Idem.	7	6	1		
1p	1p		5157	Manuels : Du gradé mécanicien	Idem.	8	7	1		
1p	1p		5157A	Manuels : Du breveté mécanicien	Idem.	9	8	1		
				Manuels : Du gradé infirmier	Idem.	10	9	1		
1p	1p		5167	Manuels : Du boulanger coq cuisinier	Idem.	11	10	1		
1p	1p		5168	Manuels : Du breveté scaphandrier ordinaire	Idem.	12	11	1		
				Manuels : Du scaphandrier autonome	Idem.	13	12	1		
1p	1p		5170-1 à 9	Manuels : Des torpilles possédées par le bord	Idem.	14	13	1		
				Règlement sur le service à bord des sous-marins	Idem.	15	14	1 de chaque type pour le modèle de torpilles embarquées.		
1p	1p		5068 quater	Décret sur le service à bord	Idem.	16	15	1		
1p	1p		5050	Arrêté sur le service à bord	Idem.	17	16	1		
1p	1p		5192				17	1		
1p	1p									
1p	1p									

DIRECTIONS du service à terre où s'opèrent :		NUMÉROS D'ORDRE de la nomenclature.		NOMENCLATURE DES OBJETS À FOURNIR.	ESPÈCES des unités.	REPÈRES.	REPÈRES.	BASES DES DÉLIVRANCES.		OBSERVATIONS.
Les délivrances du 1er armement.	Les délivrances en remplacement ; les 1res délivrances des renouvellements et les réparations.	Par unité collective.	Par unité simple.					[illegible]	[illegible]	
1	2	3	4	5	6	7	8	9	10	11
				§ 1. — Matériel de gamelles. Il est alloué à chaque sous-marin : 1° Une gamelle pour le service de l'État-major dite de « combats ». (La table de l'État-Major et du Commandant est commune). 2° Une gamelle pour les maîtres et seconds maîtres. Les règles de délivrance des articles qui composent les gamelles sont indiquées sur le fascicule n° 5a-03" de la nomenclature des documents.						

DIRECTIONS ou services à taxes où s'opèrent :		NUMÉROS D'ORDRE de la nomenclature.		NOMENCLATURE DES OBJETS À FOURNIR.	ESPÈCES des unités.	REPÈRES.
Les délivrances au 1er armement.	Les délivrances au réarmement ; les 2mes délivrances ; les renouvellements et les réparations.	Par unité collective.	Par unité simple.			
1	2	3	4	5	6	7
				MATÉRIEL SANITAIRE.		
				Le matériel médical à délivrer aux sous-marins de toutes catégories est fixé par le Règlement d'armement du Service Hygiène et Santé (11e service).		

REPÈRES.	BASES DES DÉLIVRANCES.		OBSERVATIONS.
	ARMEMENT.	RECHANGE.	
8	9	10	11

TABLE ALPHABÉTIQUE.

A

B

C

I

J

K

Pages.

N

O

P

Q

R

T

Y

Pages

Z

Imprimerie Nationale. — J. 35393-29.

www.ingramcontent.com/pod-product-compliance
Ingram Content Group UK Ltd.
Pitfield, Milton Keynes, MK11 3LW, UK
UKHW020556180726
13838UKWH00001B/273

9 782329 037066